Collection **R**estaure ta Famille

D1670269

Éduquer nos enfants Par l'amour

Les enfants d'aujourd'hui sont les parents de demain

Niqua MARIE

À tous les parents qui souhaitent accompagner leurs enfants sur le chemin de la vie avec amour et bienveillance

« Instruis l'enfant selon la voie qu'il doit suivre et quand il sera vieux, il ne s'en détournera pas ».

Proverbe 22 : 26

©**Mars 2024 – Niqua MARIE**
Tél. : 06 20 93 33 13
Courriel : nikki.conseils@gmail.com

Les citations bibliques utilisées dans le présent ouvrage sont extraites des versions de bible suivantes : Parole de Vie, Français courant, Nouvelle bible second, Segond 21, Parole Vivante, Martin, Semeur. Lorsque la version n'est pas précisée, la traduction utilisée est la version Louis Segond 1910.

Niqua MARIE
Nikki Conseils & Coaching
Amazon Independently Published
Publication le 22.03.2024
ISBN : 9 798 883 903 051

Remerciements

L'histoire que nous vivons aura pour but de nous faire devenir qui nous sommes. Il y aura une part d'éducation, une part de libre arbitre qui nous poussera à faire de bons choix et parfois de moins bons, mais il y aura également une part d'expérience personnelle.

Cet ouvrage sur l'éducation de nos enfants par l'amour est le fruit d'un parcours de vie jalonné de défis, de choix et d'inspirations.

Je commence par exprimer ma profonde reconnaissance envers le Saint-Esprit, qui m'a équipé et a activé les dons et les talents dont il m'a doté me permettant ainsi de croire en mes capacités à produire cet ouvrage. Son inspiration, sa guidance et ses conseils quotidiens m'ont permis d'aspirer à devenir la meilleure version de moi-même, tant sur le plan spirituel que personnel.

Je souhaite exprimer ma gratitude à mon père spirituel, l'apôtre Yvan CASTANOU, dont les enseignements m'étirent, me challengent, m'équipent et m'aiguisent continuellement. Sa sagesse et son soutien ont été des phares dans ma vie spirituelle, me guidant sur le chemin de la croissance et de l'épanouissement.

Pasteure Juliana ONDO représente pour moi un exemple et un modèle de productivité inégalé. Son podcast, qui me fait encore écho, me rappelant que des personnes attendent que j'enfante ce que Dieu a déposé en moi, et qu'il est crucial de ne pas laisser mes talents et mes inspirations enfouis a été un réel moteur dans la réalisation de cet ouvrage.

Sa session, rappelant que les cimetières sont remplis de « livres qui n'ont pas été écrits », résonne profondément en moi, m'incitant à agir avec diligence et détermination.

Je souhaite également exprimer ma profonde reconnaissance envers mon mari, Adrien, dont le soutien inébranlable et l'amour indéfectible ont été des sources de force et de réconfort tout au long de ce parcours. Mes trois enfants actuels, Kalvyn, Ylhan et Éli, sont les véritables témoins des enseignements partagés dans ces pages, m'offrant chaque jour l'occasion d'approfondir ma compréhension et ma pratique de l'amour inconditionnel. Je rends réellement grâce à Dieu pour chacune de leurs vies.

Aussi, je souhaite exprimer ma gratitude et ma reconnaissance envers mes parents, qui ont façonné mon parcours de manière unique. Ma mère, bien que confrontée à des circonstances difficiles, a toujours été présente dans mon cœur, me transmettant son amour et sa force à travers les épreuves malgré la distance et les embûches. Mon père, malgré ses propres limites, car comme j'aime à le dire, on donne ce qu'on a reçu, a fait de son mieux pour me guider et m'encourager sur le chemin de la vie en dépit de mon caractère pas toujours facile et de nos difficultés de communication. Leur dévouement et leur exemple ont été des piliers essentiels dans ma formation à l'école de la vie.

À l'âge de 18 ans, j'ai fait le choix de me baptiser, marquant ainsi une étape importante dans ma quête spirituelle. Cependant, au fil du temps, j'ai été confronté à des choix qui m'ont éloigné de Dieu. C'est en 2020, après une période de recherche et de réflexion, que j'ai retrouvé ma foi grâce aux conseils éclairés de mon grand frère, le Docteur Franchel Raïs OBONGO-ANGA. Ses encouragements et son soutien sans faille ont été des phares dans les moments de doute et d'égarement, me guidant sur le chemin du retour vers Dieu et renforçant ainsi ma connexion spirituelle.

Dans cette quête de sens et de direction, j'ai été guidée par des signes et des instructions divines claires, me conduisant à reprendre mes études pour devenir auxiliaire de puériculture. Cette décision a été une révélation, me permettant de mettre en pratique les principes de bienveillance et d'attention aux besoins des enfants, au cœur de cet ouvrage.

Je tiens à remercier Charlène MAKOUTA pour son encouragement et son soutien infaillible dans cette démarche, ainsi que pour son rôle déterminant dans mon cheminement vers l'écriture de ce livre.

L'inspiration est une force puissante qui nous pousse à aller au-delà de nos limites et à réaliser notre plein potentiel. Je suis profondément reconnaissante envers Meily CHEN, dont le parcours de vie inspirant m'a montré la force de la résilience et de la détermination.
Son courage et sa persévérance m'ont rappelé l'importance de rester fidèle à mes convictions, même face aux défis les plus difficiles.

Dans la réalisation de ce projet, je n'aurais pu aller de l'avant sans les précieux conseils et l'expertise de ma très chère tutrice Rebecca MONBO.
Ses conseils éclairés, ses encouragements constants et son soutien indéfectible ont été des sources d'inspiration tout au long de ce voyage d'écriture.

Ma sœur en Christ Oriane AKPO a également eu son rôle à jouer à travers ses divers conseils et je tiens à lui exprimer ma reconnaissance.

Aussi, je tiens à remercier chaleureusement mes frères et sœurs, petits et grands, qui ont contribué à façonner la personne que je suis aujourd'hui. Leurs conseils, leurs encouragements et leurs corrections bienveillantes ont été des pierres angulaires dans mon développement personnel et spirituel.

Je tiens également à exprimer ma profonde reconnaissance envers Sena BRUN pour son soutien et son aide précieuse lords des dernières étapes de ce voyage d'écriture. Sa présence et ses conseils avisés ont été des sources de soutien inestimables.

Enfin, je souhaite exprimer ma gratitude à tous ceux qui, de près ou de loin, ont contribué à la réalisation de ce livre. Que votre soutien et votre engagement envers le bien-être des enfants continuent d'inspirer et de guider nos actions à tous.

À toutes ces personnes qui ont croisé mon chemin et ont contribué, de près ou de loin, à la réalisation de cet ouvrage, je vous adresse mes plus sincères remerciements.
Que vos vies continuent d'être enrichies par l'amour et la bienveillance envers nos enfants, notre plus précieux héritage. Je rends grâce à Dieu pour chacune de vos vies et qu'il vous retrouve au carrefour de chacun de vos besoins pour la gloire de son nom.

Merci du fond du cœur.

Niqua MARIE

Table des matières

Mon petit conseil pour la lecture de ce livre :

Le contenu de ce livre aura pour vocation de nous aider à éduquer nos enfants en manifestant de l'amour pour les accompagner dans le développement de leur intelligence émotionnelle, leur cœur étant le siège de leurs émotions. L'idéal serait donc de le lire dans son intégralité.

Toutefois, il est conçu en sorte que l'on puisse nous reporter directement à un chapitre en particulier en fonction des difficultés et des complications rencontrées. Si vous connaissez un parent qui en a besoin, ce livre serait un merveilleux cadeau. Ne gardez pas cette découverte pour vous. J'ai moi-même été extrêmement challengée et édifiée lors de sa rédaction.

Le Saint-Esprit a cette capacité de nous utiliser tels des vases en nous édifiant en même temps que les personnes qu'il souhaite impacter et bénir à travers les dons, les talents et les capacités qu'il a placés en chacun de nous.

Bénédictions et bonne lecture.

Introduction :

– Prendre soin du cœur de nos enfants –
Nourrir leur être intérieur

Les enfants d'aujourd'hui étant les parents de demain, notre rôle en tant que parents est d'une importance primordiale. Non seulement nous avons la responsabilité de les nourrir physiquement, spirituellement et mentalement, mais nous devons également veiller à la santé et à l'épanouissement de leur cœur. En effet, nos paroles, nos actions et notre amour peuvent avoir un impact durable sur leur être intérieur, et leur permettre de grandir dans un contexte adapté, qui les aidera à devenir plus tard des adultes équilibrés qui prendront à leur tour soin de leurs relations et du cœur de leurs propres enfants.

Dans ce livre, nous explorerons ensemble les principes bibliques et les pratiques qui nous guideront dans cette noble tâche. Nous découvrirons comment la manière dont nous prenons soin du cœur de nos enfants peut non seulement les influencer dans le présent, mais aussi façonner leur avenir et leur relation avec Dieu ainsi qu'avec leurs pairs.

La bible nous enseigne dans **Matthieu 28:19** « *Allez faites de toutes les nations des disciples les baptisant au nom du Père, du Fils et du Saint-Esprit*». Ce verset nous rappelle notre mission première et la fonction pour laquelle nous avons été créés. Cela doit commencer par notre propre famille et pour se faire, nous avons pour obligation d'être des témoins en adoptant un comportement exemplaire auprès de ces jeunes enfants qui nous sont confiés.

À travers ces pages, nous examinerons différentes facettes de la parentalité axée sur le cœur, depuis l'importance de notre langage et de notre attitude, jusqu'à l'éducation dans la foi et l'écoute attentive. Nous verrons comment chaque interaction avec nos enfants est une opportunité de semer des graines d'amour, de confiance et de foi, leur permettant ainsi de grandir dans une relation solide avec eux-mêmes, avec les autres et avec Dieu.

Ce livre relate une perspective où l'amour agit comme une force motrice essentielle dans le développement de l'intelligence émotionnelle, surtout dans le contexte de la parentalité. Il est vrai que l'amour, lorsqu'il est associé à une intelligence émotionnelle élevée, peut être la clé du succès dans l'éducation de nos enfants. Cela implique que lorsque nous cultivons à la fois l'amour et l'intelligence émotionnelle, nous sommes mieux équipés pour guider nos enfants vers un épanouissement personnel et familial réussi.

Notons que L'intelligence émotionnelle désigne la capacité à reconnaître, comprendre et gérer ses propres émotions ainsi que celles des autres de manière efficace.

Cela implique également la capacité à utiliser ces émotions pour guider la pensée et les actions, ainsi que pour interagir de manière harmonieuse avec les autres. L'intelligence émotionnelle comprend plusieurs compétences clés telles que la conscience de soi, la régulation émotionnelle, la motivation, l'empathie et les compétences sociales. Elle joue un rôle crucial dans divers aspects de la vie, y compris les relations interpersonnelles, le bien-être mental, la réussite professionnelle et dans notre cas plus précisément, l'éducation et l'accompagnement de nos enfants.

Cet ouvrage se décomposera en trois tomes afin de vous partager un maximum de clés pratiques pour devenir ce parent idéal que nous rêvons d'être.

Prêt à commencer ce voyage passionnant ? Alors, plongeons-nous dans les trésors bibliques et les conseils pratiques qui nous aideront à créer un environnement où le cœur de nos enfants pourra s'épanouir et briller de tout leur potentiel, afin qu'ils soient armés et équipés pour courir dans le couloir de leur destinée. Et surtout, pensez à attacher vos ceintures !

– Chapitre 1 –

L'importance de prendre soin du cœur de nos enfants

1. Pourquoi doit-on prendre soin du cœur de nos enfants ?

Prendre soin du cœur de nos enfants est crucial pour leur développement psychologique, émotionnel et spirituel. Les enfants sont dotés d'une sensibilité et d'une vulnérabilité particulière, et leur cœur est le siège de leurs émotions, de leur estime de soi, de leur identité et de leur connexion avec Dieu.

Comme le dit la parole dans **1 Jean 5:19** « *Nous savons que nous sommes de Dieu et que le monde entier est sous la puissance du malin* ». La parole nous enseigne également dans **Jean 10:10** que « *Le voleur ne vient que pour dérober, égorger et détruire ; moi, je suis venu afin que les brebis aient la vie, et qu'elles soient dans l'abondance* ».

Ces deux versets nous rappellent dans quelle atmosphère arrivent nos enfants innocents dès leur naissance. Le voleur vient pour voler la pureté, la joie et l'amour que Dieu a placé dans leurs cœurs, et il passe parfois par nos bouches ou par nos mains, en nous utilisant tels des instruments à son service sans même que nous ne nous en apercevions.

Sur le plan émotionnel, lorsque nous prenons soin du cœur de nos enfants, nous créons un environnement qui favorise leur plein épanouissement. Nous les encourageons à exprimer leurs émotions de manière saine, à reconnaître et à gérer leurs sentiments, et nous les soutenons dans leurs moments de joie, de tristesse, de colère et de peur sans les juger malgré les choix parfois douteux qu'ils peuvent être amenés à faire. En faisant cela, nous leur apprenons à développer une intelligence émotionnelle, à se connecter avec leur propre ressenti intérieur et à développer des compétences pour gérer les défis de la vie.

Du point de vue spirituel, prendre soin du cœur de nos enfants contribue à nourrir leur relation avec Dieu. En leur montrant un amour inconditionnel, en encourageant leur exploration de la foi et en partageant avec eux les principes bibliques, nous les aidons à développer une spiritualité profonde et authentique. Ainsi, nous les guidons vers la voie qu'ils doivent suivre en sorte qu'ils ne s'en détournent pas comme nous l'enseigne la parole dans **Proverbes 22:6** « *instruis l'enfant selon la voie qu'il doit suivre et quand il sera vieux, il ne s'en détournera pas* ».

Prendre soin du cœur de nos enfants implique de les instruire dans la foi et de les guider spirituellement tout en faisant preuve de sagesse et en étant à l'écoute de ce qu'ils ressentent. Il est capital de les accompagner avec amour et bienveillance, même lorsque leurs choix semblent aller à l'encontre de nos valeurs et de nos principes éducatifs. En agissant de la sorte et en manifestant de l'amour et de la bienveillance en toutes circonstances, l'enfant pourra ainsi revenir à la maison et savoir qu'il ne sera pas jugé, quand il se rendra compte qu'il a fait de mauvais choix tel l'enfant prodige, dont on peut découvrir l'histoire dans **Luc 15 : 11-32**.

Comme précité plus haut, **Proverbes 22:6** nous enseigne « *instruis l'enfant selon la voie qu'il doit suivre et quand il sera vieux, il ne s'en détournera pas* ».

D'où l'importance de poser des fondations solides dès l'enfance, en inculquant à nos enfants des valeurs morales appuyées sur des principes bibliques tels que l'amour, le respect, la générosité, l'honnêteté, l'empathie, pour qu'une fois adultes ils soient bien armés pour entrer dans leur appel et faire ce pour quoi ils ont été créés. Cela favorisera également une prise de décision en accord avec les fondements bibliques. Mais surtout, n'oublions pas que nous avons un devoir d'exemplarité, car nos enfants auront souvent tendance à instinctivement donner ce qu'ils auront reçu.

Il est important de noter que le développement émotionnel et spirituel de nos enfants est étroitement lié. Un cœur émotionnellement équilibré et en paix est plus ouvert et réceptif à une relation profonde avec Dieu. De même, une dimension spirituelle bien nourrie peut apporter un soutien et une guérison aux émotions de nos enfants. En effet, Dieu étant lui-même amour, l'amour que nous manifesterons dans les vies de nos enfants les conduira à vouloir eux-mêmes se rapprocher de lui.

En somme, prendre soin du cœur de nos enfants est essentiel pour leur développement psychologique, émotionnel et spirituel. Cela les aide à construire des fondations solides pour leur santé émotionnelle, à renforcer leur estime de soi et leur identité, ainsi qu'à cultiver une relation personnelle avec Dieu. En tant que parents, nous avons le privilège et la responsabilité de guider nos enfants sur ce chemin, en leur offrant amour, attention et soin pour leur bien être intérieur.

L'estime de soi joue un rôle crucial dans le développement émotionnel et psychologique de nos enfants. Lorsque nous prenons soin de leur cœur, nous leur montrons que nous les aimons inconditionnellement et que nous les acceptons tels qu'ils sont. Cela renforce leur sentiment de valeur personnelle et leur estime de soi.

En créant un environnement où ils se sentent aimés, encouragés et respectés, nous aidons nos enfants à développer une confiance en eux qui les accompagnera tout au long de leur vie. Ils apprendront à reconnaître leurs forces, à surmonter les obstacles et à croire en leurs capacités. Cela les aidera également à vouloir manifester envers tous l'amour «agape» comme nous le demande la parole en **1 Jean 4:7** «*Bien-aimés, aimons-nous les uns les autres ; car l'amour est de Dieu, et quiconque aime est né de Dieu et connaît Dieu*».

De plus, prendre soin du cœur de nos enfants les aidera à développer une perception positive d'eux-mêmes. En leur offrant des encouragements sincères, des éloges constructifs et en les inspirant à travers nos paroles et nos actions, nous les aidons à construire une image de soi positive et équilibrée.

La Bible nous enseigne également l'importance de l'estime de soi basée sur notre identité en tant qu'enfants de Dieu. En encourageant nos enfants à comprendre leur valeur intrinsèque en tant que créations de Dieu et en les aidant à grandir dans leur relation avec Lui, nous renforçons leur estime de soi sur une base solide et durable.

En résumé, prendre soin du cœur de nos enfants est essentiel pour cultiver une estime de soi saine.
Cela leur permet de développer la confiance en soi, le sentiment de valeur personnelle et une perception positive d'eux-mêmes, ce qui les prépare à affronter les défis de la vie avec assurance et sécurité.

2. Que nous enseigne la parole sur ce sujet appuyée sur des exemples bibliques concrets ?

L'estime de soi joue un rôle crucial dans le développement émotionnel et psychologique de nos enfants. Cela aura d'ailleurs un impact direct sur le genre d'adulte qu'ils seront amenés à devenir. La Bible nous enseigne l'importance de valoriser l'identité de nos enfants et de les encourager dans leur estime de soi.

Un verset biblique qui soutient cette idée est le **Psaume 139:14**, où il est écrit : « *Je te loue de ce que je suis une créature si merveilleuse. Tes œuvres sont admirables, et mon âme le reconnaît bien* ». En enseignant à nos enfants que Dieu les a créés de manière unique et merveilleuse, nous les aidons à développer une estime de soi saine basée sur leur identité en tant qu'enfants de Dieu.

Un autre verset pertinent est **Éphésiens 2:10**, qui déclare « *Nous sommes son ouvrage, ayant été créés en Jésus-Christ pour de bonnes œuvres, que Dieu a préparées d'avance, afin que nous les pratiquions* ». Ce verset rappelle à nos enfants qu'ils ont été créés avec un but précis et que leurs talents et leurs dons sont précieux pour accomplir les bonnes œuvres que Dieu a préparées pour eux.

Les accompagner à avoir une juste estime d'eux même au travers de paroles valorisantes, d'encouragement et d'absence de jugement, nous confortera donc dans notre mission de parent, nous permettant ainsi de nous assurer que les enfants qui nous sont confiés soient pleinement propulsés dans le couloir de leur destinée.

L'une de nos missions principales consistera donc à les accompagner quotidiennement dans leur marche avec Christ afin qu'ils prennent pleinement conscience de leur identité, ce qui intrinsèquement les conduira à avoir une juste estime d'eux-mêmes.

Deutéronome 6:6-7 nous enseigne que « *ces commandements que je te donne aujourd'hui seront dans ton cœur. Tu les inculqueras à tes enfants et tu en parleras quand tu seras dans ta maison, quand tu iras en voyage, quand tu te coucheras et quand tu te lèveras* ». L'aspect spirituel est donc absolument à prendre en compte et doit être considéré comme un style de vie et non comme un partage religieux.

En mettant l'accent sur ces vérités bibliques dans notre approche parentale, nous pouvons contribuer à construire une estime de soi solide et saine chez nos enfants.

Nous devrons toutefois veiller à apporter ces clés spirituelles à nos enfants en donnant du sens à ce que nous leur transmettons et sans leur imposer de nous imiter sans explications.

En effet, même si notre volonté de partager notre foi part de prime abord d'une bonne intention, en la partageant de façon maladroite, notre action risquerait d'avoir l'effet inverse que l'effet escompté.

Plongeons maintenant dans les histoires de héros biblique pour appuyer l'importance de ce principe.

Prenons premièrement l'exemple d'Abraham et Isaac : Dans le récit biblique, Abraham démontre un amour profond pour son fils Isaac. Dans **Genèse 22 : 6-8**, nous voyons comment Abraham, malgré les circonstances difficiles, s'assure que le cœur d'Isaac est pris en compte : « *Abraham prit le bois pour l'holocauste, le chargea sur Isaac, son fils, et prit en main le feu et le couteau. Et tous deux marchèrent ensemble. Alors Isaac, son fils, lui dit : Mon père ! Et il répondit : Me voici, mon fils ! Isaac reprit : Voici le feu et le bois ; mais où est l'agneau pour l'holocauste ? Abraham répondit : Mon fils, Dieu se pourvoira lui-même de l'agneau pour l'holocauste* ».

Dans ce passage de la bible, nous voyons qu'Abraham pose un acte de foi et d'obéissance en mettant en pratique ce que Dieu lui demande, mais nous constatons également qu'en dépit des circonstances difficiles dans lesquelles il se trouve, il veille sur le cœur de son fils Isaac en s'assurant qu'il ne manque de rien et qu'il soit en paix.

Prenons également l'exemple d'Anne et Samuel : Anne est un bel exemple de mère qui a pris soin du cœur de son fils Samuel. Dans **1 Samuel 1:27-28**, après avoir prié avec ferveur pour un enfant, elle consacre Samuel au service du Seigneur en disant : « *C'est pour cet enfant que je priais, et l'Éternel m'a accordé ce que je lui demandais. Maintenant, à mon tour, je le donne à l'Éternel. Tous les jours de sa vie, il appartiendra à l'Éternel.* » Anne a pris soin de cultiver la relation de Samuel avec Dieu et a veillé sur son cœur, même après l'avoir confié à Dieu. Ses prières et la consécration de son fils ont manifesté un réel amour et une réelle dévotion envers son fils qu'elle avait peiné à concevoir.

Enfin, nous pouvons également prendre l'exemple de Moïse et sa mère : Dans l'histoire de Moïse, sa mère a pris soin de son cœur d'une manière extraordinaire. En **Exode 2:2-3**, nous lisons « *La femme devint enceinte, et elle enfanta un fils. Voyant qu'il était beau, elle le cacha pendant trois mois* ». Cela a même été plus loin quand elle décida de se séparer de son fils bien aimé en le laissant voguer sur le Nil de peur que le pharaon n'intente à sa vie.

Malgré les difficultés et les risques, la mère de Moïse a pris soin de lui, protégeant son cœur et sa vie en le cachant et en se séparant de lui lorsque sa vie était en jeu. Son acte d'amour et de protection a été déterminant pour l'avenir de Moïse et pour son rôle en tant que libérateur du peuple d'Israël.

Ces exemples bibliques illustrent l'importance de prendre soin des cœurs de nos enfants et de mettre en pratique les principes de l'amour, de l'écoute et de l'accompagnement spirituel.

3. Si tu souhaites que Dieu t'aide à prendre soin du cœur de tes enfants, fais cette prière avec moi :

Seigneur, je ne suis pas un parent parfait, mais j'aspire du fond du cœur à devenir la meilleure version de moi-même en tant que parent, mais également dans toutes mes relations.

Merci à toi de te révéler à moi et de me révéler mes travers, mes erreurs et mes mauvais choix.

Pardonne-moi toutes ces fois où j'ai fait de mauvais choix et où j'ai causé des blessures dans le cœur de mes enfants de façon consciente ou non.

On dit qu'on donne ce que l'on a reçu, mais aide-moi à donner plus et mieux que ce que j'ai moi-même reçu. Aide-moi à ne pas être responsable des blessures de l'âme causées dans le cœur de mes enfants et donne-moi les armes, la force et le courage de les accompagner de la façon la plus efficace afin qu'ils deviennent à leur tour la meilleure version d'eux même, et afin qu'ils aspirent à faire le bien autour d'eux en te servant chaque jour que tu leur donneras la grâce de vivre.

Merci pour ton sacrifice à la croix, merci pour ton amour, merci pour ta miséricorde envers moi.

Au nom de Jésus, AMEN.

4. Ma réflexion personnelle sur ce chapitre

41

– Chapitre 2 –

Le pouvoir des mots :

L'importance d'encourager et d'édifier nos enfants

1. Pourquoi est-ce capital d'adapter notre langage lorsqu'on s'adresse à nos enfants en utilisant des paroles valorisantes et positives ?

Les paroles positives et encourageantes ont un impact profond sur les cœurs de nos enfants. Lorsque nous utilisons des mots aimants et constructifs, nous contribuons à façonner leur perception de soi, à renforcer leur confiance en eux et à nourrir leur estime de soi. Notre premier rôle de parents est d'assurer le bien-être affectif et émotionnel de nos enfants en nous assurant que leur réservoir d'amour soit constamment plein.

Les paroles positives et valorisantes ont le pouvoir de créer un environnement émotionnellement sécurisant pour nos enfants. Lorsqu'ils entendent des encouragements sincères et des mots de fierté, ils se sentent valorisés et appréciés. Cela les aide à développer une image positive d'eux-mêmes et à croire en leurs capacités. Cela les pousse également à vouloir se dépasser pour nous rendre d'autant plus fiers d'eux. Ils ont besoin de notre approbation pour avancer sereinement, et ils passent parfois par des phases compliquées telles que celles de l'adolescence qui nécessitent un plus grand soutien de notre part, de par les phases de doutes, de peurs et d'incompréhension qu'ils peuvent traverser.

Tu es jolie...

Tu es capable...

Tu es courageuse...

Les paroles encourageantes peuvent également stimuler la motivation et l'effort de nos enfants. Lorsqu'ils reçoivent des encouragements pour leurs réussites et leurs efforts, ils sont plus enclins à persévérer face aux défis et à développer une mentalité de croissance. Cela se prouve assez aisément dans le sport ou encore dans les résultats scolaires.

En utilisant des paroles positives, nous construisons une base solide pour la communication et la relation avec nos enfants. Ils se sentent ainsi plus enclins à partager leurs pensées, leurs sentiments et leurs préoccupations, sachant qu'ils seront accueillis avec bienveillance, compréhension et encouragement.

De plus, les paroles positives et encourageantes aident à développer des compétences sociales et relationnelles chez nos enfants. Lorsqu'ils sont habitués à entendre des mots bienveillants, ils sont plus susceptibles de les utiliser avec les autres, contribuant ainsi à des relations saines et harmonieuses. Cela leur permet également d'être pleinement encrés dans leur identité en Christ. Ça aura également tendance à faciliter leur intégration dans des milieux qui peuvent parfois de prime abord sembler hostiles, tel que lors d'un changement de niveau scolaire en passant de la primaire au collège ou du collège au lycée par exemple.

Les paroles positives et encourageantes peuvent également renforcer la relation parent-enfant. Lorsque nous exprimons notre amour, notre appréciation et notre fierté de manière régulière, cela crée un lien émotionnel puissant entre nous et nos enfants. Ils se retrouvent ainsi en sécurité affective et seront donc moins facilement tentés d'aller chercher dehors ce qui leur manque à la maison.

Les principes bibliques nous enseignent l'importance des paroles positives et encourageantes. Dans **Proverbes 18:21**, il est écrit « *La mort et la vie sont au pouvoir de la langue ; ceux qui l'aiment en mangeront les fruits* ».

Ce verset nous rappelle que nos paroles ont le pouvoir de bâtir ou de détruire. En choisissant des mots positifs, nous pouvons contribuer à la vie et à l'épanouissement de nos enfants. Utiliser des paroles valorisantes et encourageantes à leur égard représente une forme de bénédiction. Ce verset nous rappelle également que nos paroles ont un impact puissant sur la vie des autres, y compris celle de nos enfants.

Ne méprisons pas le pouvoir des mots. J'aime à dire que la parole est créatrice donc prophétisons sur nos enfants ce que nous souhaitons voir se manifester dans leurs vies. Cela me fait penser à une anecdote que j'ai un jour vécue.

En tant qu'auxiliaire de puériculture, j'accompagne les jeunes parents dans la prise en soin de leurs enfants en maternité et je me rappelle qu'un matin, alors que j'accueillais un jeune couple avec leur nouveau-né de 2 jours, ils avaient tendance à l'appeler « ma petite crotte » ! Je leur ai simplement demandé s'ils apparentaient leur jeune enfant à une crotte et ils m'ont répondu que non. J'ai donc rétorqué « en ce cas, pourquoi lui donner un tel surnom » ? Et ils l'ont finalement surnommé « ma petite fleur » ! Et cette expérience, je l'ai vécue à plusieurs reprises.

L'apôtre Paul nous encourage également dans **Éphésiens 4:29** : « *Qu'il ne sorte de votre bouche aucune parole mauvaise, mais, s'il y a lieu, quelque bonne parole, qui serve à l'édification et communique une grâce à ceux qui l'entendent* ». Ce verset nous rappelle que nos paroles doivent servir à l'édification et à l'encouragement des autres, y compris nos enfants.

Il nous rappelle également l'importance de choisir nos paroles avec soin, en veillant à ce qu'elles soient bénéfiques et encourageantes. Nous sommes appelés à utiliser nos paroles pour édifier et encourager nos enfants, en leur communiquant la grâce et l'amour de Dieu.

En utilisant des paroles positives et encourageantes, nous pouvons bâtir leur cœur et leur transmettre la grâce de Dieu. Ce verset nous exhorte également à utiliser notre bouche comme un outil de bénédiction et non de malédiction.

En mettant cette parole en pratique, nous prenons soin du cœur de nos enfants en leur assurant une bonne estime d'eux même et en n'étant pas un instrument de destruction dans les mains de l'ennemi servant à dévaster leur cœur, les éloignant ainsi de Dieu, de leur destinée et de leur appel.

En utilisant des paroles positives, non seulement nous nourrissons l'estime de soi de nos enfants, mais nous leur transmettons également des messages de valeur et d'amour fondés sur des principes bibliques. Par exemple, nous pouvons leur dire combien ils sont aimés et précieux aux yeux de Dieu, en les encourageant à se voir comme des créations uniques et spéciales.

Les paroles positives et encourageantes ont le pouvoir de modeler l'identité de nos enfants selon la vérité de la Parole de Dieu et peuvent avoir un impact immense dans leurs vies. Par exemple, lorsque nous félicitons et encourageons nos enfants pour leurs efforts et leurs réalisations, nous les aidons à comprendre que leur valeur ne repose pas sur leurs performances, mais sur le fait qu'ils sont des créations merveilleuses de Dieu. Il est donc capital de leur manifester notre amour et notre compassion en toutes circonstances et encore plus lorsqu'ils adoptent des comportements ayant pour objet de tester notre patience et la portée inconditionnelle de notre amour envers eux.

2. Quelles traces et quel impact ont les mots que nous utilisons sur le cœur de nos enfants ?

Nous pouvons relever que les paroles positives et encourageantes ont quatre fonctions essentielles :

Premièrement, elles permettent le renforcement de l'estime de soi de nos enfants en leur faisant savoir qu'ils sont aimés, appréciés et dignes d'attention. Ces paroles les aident à développer une image positive d'eux-mêmes et à croire en leurs capacités. Ça les pousse à être visionnaires et à avoir de l'ambition pour l'avenir.

Ensuite, cela suscite de l'encouragement et de la motivation. En effet, lorsque nos enfants reçoivent des paroles positives et encourageantes, ils se sentent soutenus et poussés à persévérer. Ces paroles les motivent à se dépasser, à prendre des risques et à poursuivre leurs rêves avec confiance. Cela les aide également à affronter les difficultés et les complications de la vie plus sereinement.

Les paroles valorisantes et encourageantes ont également pour objet de favoriser la construction de relations solides. En effet, les paroles positives renforcent les liens émotionnels entre parents et enfants. Lorsque nous utilisons des mots aimants et encourageants, nous créons une atmosphère de confiance, de respect et de soutien mutuels, favorisant ainsi des relations solides et durables. Cela instaure un climat de confiance permettant de conserver des rapports mutuels plus saints et plus harmonieux.

Enfin, les paroles positives et encourageantes auront une influence et un impact direct sur le développement spirituel de nos enfants. En utilisant des paroles inspirantes basées sur des principes bibliques, nous les aidons à comprendre leur valeur aux yeux de Dieu et à construire une relation saine avec lui.

En résumé, la parole positive et encourageante a le pouvoir de façonner l'estime de soi, la motivation, les relations et le développement spirituel de nos enfants. Cela les aide aussi à avoir une juste estime d'eux-mêmes les conduisant ainsi à faire de meilleurs choix pour leur vie.

En utilisant des paroles inspirées par les principes bibliques, nous pouvons également nourrir leur foi et leur relation avec Dieu.
Par exemple, en partageant des versets bibliques avec nos enfants, nous les aidons à apprendre, à mémoriser et à méditer sur la Parole de Dieu. Nous renforçons ainsi leur confiance en Dieu et en sa bonté tout en les préparant pour les complications et les difficultés qu'ils pourraient être amenés à surmonter dans leurs vies futures.

3. Que dit la parole à ce sujet ?

La Bible met également l'accent sur l'importance de l'encouragement mutuel. En **Hébreux 10 : 24-25**, nous sommes exhortés à « *nous encourager mutuellement, et cela d'autant plus que vous voyez s'approcher le jour* ». En encourageant nos enfants, nous cultivons un environnement familial rempli d'amour, de soutien et de motivation, les aidant ainsi à se développer dans leur foi et leur relation avec Dieu et avec leurs pairs. Cela permet aussi à la famille de baigner dans une atmosphère joyeuse dans laquelle nous pouvons pleinement ressentir la présence de Dieu.

Enfin, il est important de remarquer que les paroles positives et encourageantes ne sont pas seulement bénéfiques pour nos enfants, mais elles peuvent aussi avoir un effet positif sur nous-mêmes. Comme cité un peu plus haut, La Parole de Dieu nous encourage dans **Éphésiens 4:29** à « *ne laisser aucune parole mauvaise sortir de votre bouche, mais seulement de bonnes paroles, qui servent à l'édification et transmettent une grâce à ceux qui les entendent* ». En élevant nos paroles et en restant conscients de leur impact, nous grandissons également en tant que parents et disciples de Christ.

En résumé, les paroles positives et encourageantes ont un impact profond sur les cœurs de nos enfants, favorisant leur estime de soi, leur relation avec Dieu et leur développement émotionnel et spirituel.

En nous appuyant sur les principes bibliques, nous pouvons utiliser notre langage pour édifier, inspirer et soutenir nos enfants, leur donnant ainsi les fondements solides dont ils ont besoin pour grandir dans la foi et marcher avec assurance sur le chemin de la vie. Cela nous permet aussi de les prémunir de blessures de l'âme qui pourraient à l'avenir les pousser à retarder le plein accomplissement de leurs destinées.

Plongeons dans la parole pour voir ce qu'elle nous enseigne sur ce sujet !

Les principes bibliques nous encouragent à utiliser nos paroles pour édifier et inspirer nos enfants de plusieurs façons :

Dans un premier temps, explorons **Proverbes 16:24**, qui nous enseigne que « *Les paroles agréables sont un rayon de miel, douces pour l'âme et salutaires pour le corps* ». Ce verset souligne le pouvoir des paroles agréables et douces. Nos enfants sont nourris et fortifiés lorsque nous utilisons des paroles bienveillantes et encourageantes. Cela a tendance à les encourager, à les booster et à les pousser à donner le meilleur d'eux-mêmes dans tout ce qu'ils entreprennent.

De plus, dans **Colossiens 3:21**, il est écrit « *Père, n'irritez pas vos enfants de peur qu'ils ne se découragent* ». Ce verset vient encore nous montrer l'importance du poids des mots et nous met en garde contre l'utilisation de paroles blessantes et décourageantes envers nos enfants. Au contraire, nous sommes encouragés à les édifier et les inspirer par nos paroles, afin de les soutenir dans leur développement émotionnel, spirituel et mental.

C'est pourquoi nous devons nous attacher à ne pas frustrer ou décourager nos enfants, mais plutôt les encourager et développer une relation aimante avec eux.

Dans **Colossiens 3:16**, il est écrit « *Que la parole de Christ habite parmi vous abondamment ; instruisez-vous et exhortez-vous les uns les autres en toute sagesse, par des psaumes, par des hymnes, par des cantiques spirituels, chantant à Dieu dans vos cœurs, sous l'inspiration de la grâce* ». Ce verset nous rappelle l'importance dc la Parole de Dieu dans nos paroles et interactions avec nos enfants. En nous nourrissant de la Parole de Dieu, nous sommes mieux équipés pour encourager, instruire et inspirer nos enfants avec sagesse et grâce.

C'est pourquoi nous devons nous appuyer sur **Josué 1:8** qui nous dit « *Que ce livre de la loi ne s'éloigne point de ta bouche ; médite-le jour et nuit, pour agir fidèlement selon tout ce qui y est écrit ; car c'est alors que tu auras du succès dans tes entreprises, c'est alors que tu réussiras* » ; afin d'être des modèles inspirants tant pour nos enfants naturels que pour les enfants spirituels qui nous seront confiés.

Dans **Proverbes 15:4** il est écrit « *La langue douce est un arbre de vie, mais la langue perverse brise l'âme.* » Ce verset souligne le pouvoir des mots doux et bienveillants ainsi que l'aspect destructeur de la lettre utilisée à mal escient. Nos paroles ont le potentiel de nourrir et de donner la vie à l'âme de nos enfants comme elles ont le pouvoir de briser des vies et de détruire des destinées. En choisissant de parler avec gentillesse, respect et amour, nous pouvons favoriser leur épanouissement émotionnel et spirituel.

Enfin, dans **Matthieu 12 : 36-37**, Jésus nous dit « *Je vous le dis : au jour du jugement, les hommes rendront compte de toute parole vaine qu'ils auront proférée. Car par tes paroles tu seras justifié, et par tes paroles tu seras condamné* ». Ce verset nous rappelle la responsabilité que nous avons en tant que parents de choisir nos paroles avec soin. Nous devons être conscients de l'impact de nos paroles sur nos enfants et agir avec sagesse et amour.

En suivant ces principes bibliques, nous sommes encouragés à utiliser nos paroles de manière positive et encourageante en leur apportant un soutien positif tout au long de leur parcours de vie pour les édifier et les inspirer, contribuant ainsi à leur plein épanouissement émotionnel, spirituel et relationnel.

Tu as un rôle à jouer
T es belle Tu es fort Garde la foi
Tu es la meilleure Tu es capable
Tu peux y arriver
Garde la foi Tu es utile
On est ensemble N'abandonne pas
Je suis avec toi Ta vie compte

En conclusion, les paroles positives et encourageantes ont un impact durable sur le cœur de nos enfants. Elles contribuent à nourrir leur estime de soi, à renforcer leur confiance en eux, à stimuler leur motivation et à construire des relations saines. Elles ont également un pouvoir transformateur sur le cœur de nos enfants. En nous appuyant sur les principes bibliques, nous pouvons modeler l'identité de nos enfants, renforcer leur confiance en eux-mêmes et en Dieu, et cultiver une atmosphère de bienveillance et d'amour dans notre foyer.

Il est donc essentiel de prendre conscience du pouvoir de nos paroles et de les utiliser avec bienveillance et intention.

4. Si tu souhaites utiliser ta bouche comme un outil de bénédiction auprès de tes enfants, fais cette prière avec moi :

Seigneur, je ne suis pas un parent parfait, mais j'aspire du fond du cœur à devenir la meilleure version de moi-même en tant que parent, mais également dans toutes mes relations.

Merci à toi, car alors que je ne suis rien, tu m'as aimé le premier.

Merci à toi, car au travers de ta parole dans **Osée 4:6**, tu nous enseignes *« mon peuple est détruit parce qu'il lui manque la connaissance »*, mais aujourd'hui, tu m'as enseigné de nombreuses choses.

Pardonne-moi mon manque de connaissance et aide-moi à avoir soif d'apprendre et de mieux te connaître afin d'être mieux armé pour accompagner les enfants que tu m'as confié tant sur le plan naturel que sur le plan spirituel.

Aide-moi à proférer des paroles douces comme le miel et à faire preuve d'amour et de bienveillance en toutes circonstances.

Crée en moi un cœur pur et renouvèle en moi un esprit bien disposé afin que je reflète pleinement ta grandeur en moi.

Je souhaite qu'à travers mes paroles et mes actions, les personnes qui m'entourent voient Christ pleinement formé en moi.

Permets-moi d'utiliser ma bouche tel un outil de bénédiction pour la gloire de ton saint nom.

Merci pour ton sacrifice à la croix pour nous, merci pour ton amour, merci pour ta miséricorde envers nous.

Au nom de Jésus, AMEN.

5. Ma réflexion personnelle sur ce chapitre

– Chapitre 3 –

Cultiver l'amour inconditionnel dès le plus jeune âge :

La clé d'une sécurité affective et une aide à la gestion des émotions

1. Pourquoi la manifestation d'un amour inconditionnel dès le plus jeune âge accompagnera nos enfants dans les différentes facettes de leur développement ?

L'importance d'aimer nos enfants inconditionnellement est fondamentale pour leur bien-être émotionnel, leur développement sain et leur épanouissement. Cela aura également un impact direct sur leur développement psychoaffectif.

Les premières années de vie sont cruciales pour le développement émotionnel et social de nos enfants. Les expériences et les interactions précoces jouent un rôle crucial dans la formation des connexions cérébrales et leur régulation émotionnelle.

Pendant les premières années de vie, le cerveau des enfants subit une période de développement intense et de plasticité, ce qui signifie qu'il est très sensible aux influences extérieures.

C'est pourquoi il est capital de parler quotidiennement à nos enfants et de les impliquer dans les tâches du quotidien pour lesquelles ils sont directement concernés.

Cela leur permet également de développer le langage de façon plus rapide et plus efficace. Comme je le dis souvent aux mamans en maternité, nous parlions à nos bébés quand ils étaient encore en train d'évoluer en notre sein, donc à combien plus forte raison devons-nous communiquer avec eux en les considérant comme des personnes à part entière une fois qu'ils sont parmi nous ?

Voyons à présent quels éléments peuvent avoir un impact direct sur le sentiment d'être aimé de façon inconditionnelle de nos enfants dès le plus jeune âge, et pourquoi c'est si important.

1. Les expériences positives et enrichissantes

Les expériences positives et enrichissantes, telles que les interactions chaleureuses avec les parents, les jeux sensoriels et les expériences émotionnelles positives, stimulent le développement sain des connexions cérébrales. Les connexions neuronales se développent et se renforcent à travers les répétitions d'expériences positives, ce qui permet une communication efficace entre les différentes régions du cerveau. Ces connexions permettent également à l'enfant d'évoluer dans un environnement plus favorable à une croissance équilibrée.

De plus, les interactions précoces avec les parents aident à développer la régulation émotionnelle chez les enfants, ce qui leur permet de conserver leur réservoir d'amour plein et de se sentir en sécurité affective.

Lorsque nous répondons avec sensibilité aux besoins émotionnels de nos enfants, cela leur permet de se sentir compris, soutenu et en sécurité affective et psychique. Ces interactions positives aident à former des circuits neuronaux responsables de la régulation émotionnelle, permettant ainsi à nos enfants de mieux gérer leurs émotions et de développer des compétences de gestion du stress.

Ils acquièrent ainsi la compétence de gérer leurs émotions en fonction de ce qu'ils vivent et à adapter leurs réactions en fonction de s'ils se sentent en sécurité ou non. L'amour inconditionnel que nous portons à nos enfants représente donc un réel enjeu pour leur équilibre psychique et socioaffectif.

Il est important de souligner que des expériences négatives ou stressantes pendant les premières années de vie peuvent également avoir un impact sur le développement des connexions cérébrales et la régulation émotionnelle.

Il est donc essentiel d'offrir un environnement stable, aimant et sécurisant pour favoriser un développement sain du cerveau et la régulation émotionnelle de nos enfants.

2. La construction d'attachements sécurisants

Nos soins, notre amour et notre bienveillance envers nos enfants dès leur plus jeune âge jouent un rôle essentiel dans la construction d'attachements sécurisants entre nous, nos parents et nos enfants.

Lorsque nous fournissons des soins chaleureux, attentifs et sensibles aux besoins de nos enfants, cela crée un sentiment de sécurité et de confiance chez eux, ce qui les poussera à se confier plus facilement à nous, leurs parents en grandissant.

Nos enfants ont besoin de se sentir aimés et soutenus pour développer un attachement sécurisant. Lorsque nous répondons de manière cohérente et prévisible aux besoins émotionnels et physiques de nos enfants, cela renforce le lien affectif et crée un sentiment de sécurité.

Notons que lorsque nous nous montrons disponibles, réceptifs et que nous offrons une présence rassurante contribuant à la construction d'un attachement sécurisant, nous donnons à nos enfants la certitude qu'ils peuvent compter sur nous en cas de besoin. Cela favorise la confiance, l'estime de soi et des relations saines à long terme.

3. L'influence des modèles parentaux

Notre rôle de parent est d'une importance primordiale dans la construction de l'identité émotionnelle de nos enfants. Les émotions sont une part essentielle de l'expérience humaine, et nous avons une influence directe sur la manière dont nos enfants apprennent à reconnaître, gérer et exprimer leurs émotions.

En tant que parents, nous jouons un rôle de modèle pour nos enfants en exprimant nos propres émotions de manière saine et en les validant. Lorsque nous accueillons et validons les émotions de nos enfants, nous leur enseignons que toutes les émotions sont normales et qu'il est important d'exprimer ses sentiments de manière appropriée.

En encourageant l'exploration émotionnelle, en offrant un soutien émotionnel et en aidant nos enfants à identifier et à nommer leurs émotions, nous les aidons à renforcer leur conscience émotionnelle.

Cela leur permet de mieux comprendre et de mieux gérer leurs émotions, de développer une plus grande résilience émotionnelle et de favoriser des relations saines et empathiques avec les autres.

Cela a également la capacité à les accompagner dans le réajustement de leur comportement en fonction de ce qu'ils auront vécu ou ressenti.

2. Voyons ce que dit la parole à ce sujet et qui est le modèle parfait sur qui nous devons prendre exemple

L'amour inconditionnel pour nos enfants est d'une importance vitale, et nous pouvons trouver un modèle parfait d'amour inconditionnel dans l'amour de Dieu pour nous, comme illustré dans la Bible.

Dans **Jean 3:16** il est écrit « *Car Dieu a tant aimé le monde qu'il a donné son Fils unique, afin que quiconque croit en lui ne périsse point, mais qu'il ait la vie éternelle* ». Ce verset souligne l'amour inconditionnel de Dieu pour l'humanité. Dieu a sacrifié son Fils bien-aimé pour nous sauver, démontrant ainsi un amour sans limites. C'est exactement de cela qu'il s'agit. Apprendre à manifester envers nos enfants un amour inconditionnel en toutes circonstances.

1 Jean 4:19 nous rappelle « *Nous aimons, parce qu'il nous a aimés le premier* ». La source de notre capacité à aimer nos enfants inconditionnellement réside dans le fait que nous avons été aimés par Dieu en premier lieu. En comprenant et en recevant l'amour de Dieu, nous pouvons à notre tour aimer nos enfants sans condition, sans jugement et de façon dévotionnelle.

Dans **Romains 8:38-39** il est écrit « *Car j'ai l'assurance que ni la mort, ni la vie, ni les anges, ni les dominations, ni les choses présentes, ni les choses à venir, ni les puissances, ni la hauteur, ni la profondeur, ni aucune autre créature ne pourront nous séparer de l'amour de Dieu manifesté en Jésus-Christ notre Seigneur* ». Ce verset nous assure que l'amour de Dieu pour nous est inébranlable et indestructible. De même, notre amour pour nos enfants doit être inébranlable, résistant aux épreuves et aux difficultés en dépit des circonstances.

En tant que parents, nous avons un rôle important à jouer dans la construction de l'identité émotionnelle de nos enfants. En favorisant la communication bienveillante, la gestion des émotions et l'expression d'un amour inconditionnel, nous pouvons créer un environnement émotionnellement sûr et soutenant pour nos enfants.

3. Pourquoi manifester un amour inconditionnel, est-ce si important?

Prendre soin du cœur de nos enfants dès le plus jeune âge en manifestant un amour inconditionnel envers eux est capital pour au moins 4 raisons.

1. Pour la construction d'une relation solide

L'amour inconditionnel crée un lien profond et solide entre nous en tant que parent et nos enfants. Lorsque nos enfants se sentent aimés de manière inconditionnelle, ils développent un sentiment de sécurité émotionnelle, ce qui favorise une relation de confiance et de soutien mutuel. Cela a également tendance à resserrer les liens familiaux et à favoriser un climat de confiance.

2. Pour le développement de l'estime de soi

L'amour inconditionnel renforce l'estime de soi de nos enfants en leur faisant savoir qu'ils sont aimés et appréciés pour ce qu'ils sont, indépendamment de leurs actions ou de leurs performances. Cela les aide à développer une image positive d'eux-mêmes et à se sentir en confiance dans leurs relations et leurs actions.

3. Pour la fourniture d'un environnement d'apprentissage sain

Lorsque les enfants se sentent aimés inconditionnellement, ils sont plus susceptibles d'explorer et d'apprendre de nouvelles choses. Ils ont moins peur de l'échec et sont plus ouverts aux défis, car ils savent qu'ils seront soutenus et aimés, même s'ils commettent des erreurs.

4. Pour favoriser un bien-être émotionnel

L'amour inconditionnel contribue à la santé émotionnelle de nos enfants. Ils se sentent en sécurité pour exprimer leurs émotions, ils sont moins susceptibles de se sentir rejetés ou incompris, et ils sont mieux équipés pour faire face aux difficultés de la vie.

4. Voici quelques clés qui nous permettront d'assurer une sécurité affective à nos enfants

Pour assurer la sécurité affective de nos enfants traduite par un amour inconditionnel, il est essentiel d'activer trois leviers qui nous accompagneront dans cette responsabilité qui nous incombe.

Détaillons un peu ces 3 points cruciaux.

1. La communication bienveillante

Elle passera premièrement par une écoute active. Le but sera d'écouter attentivement nos enfants sans interruption, en montrant de l'empathie et en reflétant leurs sentiments sans jugement et en les laissant s'exprimer même quand nous ne sommes pas tout à fait d'accord avec ce qu'ils disent ou ressentent.

Ensuite, il faudra favoriser l'utilisation de mots encourageants et positifs en parlant à nos enfants, tout en mettant l'accent sur leurs forces et leurs qualités. S'il s'agit d'un jeune enfant, se mettre à son niveau sera primordial pour que l'échange soit plus efficace et satisfaisant pour tous. Nous devrons choisir les occasions ou nous souhaitons aborder des sujets compliqués en considérant leur disposition du moment afin de nous assurer que l'échange soit bien constructif.

Enfin, nous devrons observer un respect des limites claires fixées par nous et les communiquer de manière respectueuse, en expliquant les raisons de leur existence.

2. La gestion des émotions au travers de deux leviers

– La modélisation émotionnelle :

Nous pouvons montrer à nos enfants comment gérer leurs émotions en exprimant leurs propres sentiments de manière appropriée et en utilisant des stratégies de gestion du stress telles que la respiration profonde et la relaxation.
Nous avons réellement un devoir d'exemplarité sur ce sujet-là.

– La validation des émotions :

Nous pouvons valider les émotions de nos enfants en les reconnaissant et en les acceptant, sans les juger ou les minimiser. Cela leur permet de se sentir compris et acceptés. Nier l'existence de certaines des émotions de nos enfants les pousseraient à se sentir incompris et à aller chercher à l'extérieur des personnes plus en accord avec leur ressenti ou leurs façons de gérer leurs émotions.

3. L'expression d'un amour inconditionnel

– Au travers des moments de qualité :

Il est fortement recommandé d'aspirer à passer du temps de qualité avec nos enfants, en nous engageant dans des activités qui leur plaisent et en montrant de l'attention et de l'intérêt à ce qu'ils font. Cela les aide à augmenter leur estime de soi et favorise une bonne entente et une confiance solide dans le foyer.

– L'encouragement et le soutien :

Nous devons encourager et soutenir les efforts de nos enfants, en reconnaissant leurs réussites et en les aidant à surmonter les échecs. Cela renforce leur estime de soi et leur sentiment de valeur. Cela les pousse également à oser recommencer sans être terrifiés par l'échec ou par la peur de susciter de la déception dans nos regards.

Il nous est capital de nous adapter à l'âge et aux besoins spécifiques de chacun de nos enfants, en restant ouverts à l'apprentissage continu et en cherchant des ressources supplémentaires, comme des livres, des podcasts, des groupes de soutien, ou même des coachs pour nous aider dans notre cheminement parental. Nous devons nous attacher à rester fixés sur nos objectifs en tant que parents qui sont d'assurer un équilibre psychique, émotionnel et spirituel dans les vies de nos enfants.

N'ayons pas peur ni honte de devoir faire appel à quelqu'un de plus avisé pour nous accompagner dans cette tâche qui peut parfois s'avérer être plus fastidieuse qu'initialement imaginée.

5. Plongeons dans la parole pour découvrir ce que Dieu dit au sujet de l'amour inconditionnel

1 Corinthiens 13 : 4-7 est un passage connu comme le chapitre de l'amour dans la Bible, décrivant les caractéristiques de l'amour véritable, tel que celui de Dieu. Il nous exhorte à être patients, bienveillants, à ne pas être envieux, à ne pas être orgueilleux et à ne pas rechercher notre propre intérêt. C'est un modèle précieux pour aimer nos enfants inconditionnellement, en démontrant un amour qui persévère même dans les moments difficiles. C'est exactement à cela que nous devons tous aspirer.

Apprenons à manifester notre amour inconditionnel en acceptant nos enfants tels qu'ils sont, en les affirmant dans leur valeur et leur identité, et en nous appuyant sur des versets bibliques.

1. L'acceptation inconditionnelle

– Comme vu précédemment, dans le **Psaume 139:14** il est écrit « *Je te loue de ce que je suis une créature si merveilleuse* ». Nous devons nous attacher à rappeler à nos enfants qu'ils sont créés de manière unique et merveilleuse, et que leur valeur ne dépend pas de leur performance ou de leurs erreurs.

Étant créés à l'image de Dieu, nos enfants comme c'est notre cas sont des créatures parfaites. Ceci est un fait biblique indéniable et non discutable.

– Dans **Matthieu 11:28**, il est écrit « *Venez à moi, vous tous qui êtes fatigués et chargés, et je vous donnerai du repos* ». Nous devons accueillir nos enfants avec compassion en leur offrant un espace où ils peuvent être eux-mêmes, sans jugement ni attentes démesurées. C'est capital pour une bonne construction de leur estime de soi et pour qu'ils grandissent dans un environnement sécurisant dans lequel ils pourront être libres de devenir la meilleure version d'eux-mêmes.

Nous avons un vrai rôle à jouer sur ce point-là. Prenons exemple sur notre Père qui est dans les cieux qui nous accueille systématiquement sans jugement et avec amour. Ne soyons pas comme ces pharisiens de l'époque qui jugeaient systématiquement leur prochain sans même penser à faire une échographie de leur propre cœur ou une auto-analyse de leur propre vie.

– **Matthieu 7 : 3-5** nous rappelle « *Pourquoi vois-tu la paille qui est dans l'œil de ton frère, et n'aperçois-tu pas la poutre qui est dans ton œil ? Ou comment peux-tu dire à ton frère : laisse-moi ôter une paille de ton œil, toi qui as une poutre dans le tien ? Hypocrite, ôte premièrement la poutre de ton œil, et alors tu verras comment ôter la paille de l'œil de ton frère* ».

En aspirant à manifester quotidiennement les fruits de l'esprit qui nous sont partagés dans **Galates 5 : 22** « *Mais le fruit de l'Esprit, c'est l'amour, la joie, la paix, la patience, la bonté, la bénignité, la fidélité, la douceur, la tempérance* », nous arriverons à déjouer les plans de l'ennemi que ce soit dans les vies de nos enfants ou même dans nos propres vies.

2. L'affirmation de l'identité et de la valeur

– **2 Corinthiens 5:17** nous rappelle « *Je suis une nouvelle créature en Christ* ». Attachons-nous à rappeler à nos enfants qu'ils sont précieux aux yeux de Dieu et qu'ils ont une identité en Christ, qui ne change pas en fonction des circonstances.

– **Matthieu 5:13-14** nous apprend « *Vous êtes le sel de la terre. Mais si le sel perd sa saveur, avec quoi la lui rendra-t-on ? Il ne sert plus qu'à être jeté dehors, et foulé aux pieds par les hommes. Vous êtes la lumière du monde* ». En valorisant les talents, les dons et les qualités de nos enfants, nous les encourageons à les utiliser pour apporter du bien aux autres et être une influence positive dans le monde.

En tant que chrétiens, nous sommes le sel de la terre et la lumière du monde. En prenant soin des cœurs de nos enfants dès leur plus jeune âge, en les éduquant dans la foi, et en leur manifestant un amour inconditionnel, nous les préparons à être des agents de transformation dans le monde.

Leur engagement en tant que disciples de Christ peut contribuer à réduire les risques de troubles mentaux en apportant la guérison, l'amour et l'espoir dans leur propre vie et dans les vies des autres.

Notons tout de même que manifester cet amour inconditionnel nécessite de la patience, de la compréhension et de la constance. Chaque enfant est unique et nécessite une approche adaptée à sa personnalité et à ses besoins individuels.

Comme lu précédemment, en prenant exemple sur l'amour de Dieu pour nous et en nous imprégnant des enseignements bibliques sur l'amour, nous sommes en mesure d'aimer nos enfants inconditionnellement, en leur montrant un amour qui ne dépend pas de leurs actions ou de leurs performances, mais qui est constant et fondé sur l'amour de Dieu.

6. Comment un amour inconditionnel peut jouer un rôle déterminant dans la prévention des problèmes de santé mentale ?

Éduquer nos enfants par l'amour dès leur plus jeune âge peut contribuer à réduire les risques de troubles du comportement, d'anxiété, de dépression et d'autres problèmes de santé mentale à l'âge adulte, notamment chez les chrétiens.

Voici comment cela peut être expliqué en 3 points :

1. L'enracinement dans la foi

Nourrir la foi de nos enfants dès leur plus jeune âge peut renforcer leur résilience mentale et émotionnelle. En les guidant à travers la Parole de Dieu, la prière et l'engagement dans la communauté chrétienne, nous les aidons à développer une base solide pour faire face aux défis de la vie et à trouver un sens et une espérance dans leur relation avec Dieu.

Toutefois, cela doit être amené avec sagesse et bienveillance afin que l'enfant ne se sente pas contraint de se rendre à l'église sans comprendre le sens de l'acte et sans que ce ne soit de plein gré.

Un accompagnement dans cette foi avec amour et sagesse dès le plus jeune âge nous prémunira d'une réfraction lors de moments clés tels que durant l'adolescence.

Nous irons plus loin sur ce sujet dans un futur tome.

2. La pratique quotidienne de l'amour inconditionnel

L'amour inconditionnel chrétien est un puissant moyen de prévention des problèmes de santé mentale. En manifestant l'amour de Dieu envers nos enfants, en les acceptants tels qu'ils sont et en les soutenant dans leurs luttes, nous leur donnons un sentiment de valeur et de sécurité. Cela peut contribuer à réduire les risques de troubles du comportement et d'anxiété, en cultivant des relations saines et une estime de soi positive.

3. L'importance de la grâce et du pardon

En enseignant à nos enfants la grâce et le pardon de Dieu, nous leur offrons un modèle pour traiter leurs émotions, gérer les conflits et guérir les blessures émotionnelles. Cela peut contribuer à prévenir la dépression et d'autres problèmes de santé mentale en favorisant la résolution saine des problèmes et le développement de relations harmonieuses.

Comme vu précédemment et de façon plus générale, prendre soin des cœurs de nos enfants dès leur plus jeune âge peut jouer un rôle significatif dans la prévention des problèmes de santé mentale à l'âge adulte.

Voyons maintenant en 3 points clés comment cela peut contribuer à réduire les risques de troubles du comportement, d'anxiété, de dépression et d'autres problèmes de santé mentale.

4. Grâce à un attachement sécurisant

Un attachement sécurisant dès la petite enfance favorise le développement émotionnel sain de l'enfant. Des relations d'attachement positives et stables permettent à l'enfant de développer des compétences de régulation émotionnelle et d'établir des relations saines. Cela peut réduire les risques de troubles du comportement et d'anxiété à l'âge adulte.

5. Grâce à un environnement positif

Un environnement familial favorable, caractérisé par des interactions chaleureuses, des encouragements et des limites bienveillantes, favorise le développement émotionnel sain de l'enfant. Un tel environnement peut réduire les risques de dépression et de problèmes de santé mentale.

6. Grâce à l'apprentissage des compétences émotionnelles

En aidant les enfants à reconnaître, comprendre et gérer leurs émotions dès le plus jeune âge, on leur donne des outils pour faire face aux défis émotionnels à l'âge adulte. Cela peut réduire les risques de problèmes de santé mentale tels que l'anxiété et la dépression.

Il est important de noter que la prévention des problèmes de santé mentale est un travail constant et que chaque enfant est unique.

L'implication d'autres professionnels de la santé mentale, tels que des thérapeutes ou des coachs chrétiens, peut également être bénéfique pour soutenir la santé émotionnelle et mentale des enfants chrétiens.

Nous devons nous attacher à relever que prendre soin du cœur de nos enfants n'élimine pas tous les risques de problèmes de santé mentale, mais cela peut certainement contribuer à leur bien-être émotionnel et à leur résilience face aux défis de la vie.

En conclusion de ce chapitre, notons qu'aimer nos enfants inconditionnellement est essentiel pour leur épanouissement émotionnel, leur confiance en eux et leur développement sain.

Notre rôle en tant que parents est d'une importance primordiale dans la construction de l'identité émotionnelle de nos enfants.

Les émotions sont une part essentielle de l'expérience humaine, et les parents ont une influence directe sur la manière dont les enfants apprennent à reconnaître, gérer et exprimer leurs émotions.

En tant que parents, nous jouons un rôle de modèle pour nos enfants en exprimant nos propres émotions de manière saine et en les validant. Lorsque nous accueillons et validons les émotions de nos enfants, nous leur enseignons que toutes les émotions sont normales et qu'il est important de les exprimer de manière appropriée.

En encourageant l'exploration émotionnelle, en offrant un soutien émotionnel et en aidant nos enfants à identifier et à nommer leurs émotions, nous les accompagnons dans le renforcement de leur conscience émotionnelle.

Cela permet à nos enfants de mieux comprendre et de gérer leurs émotions, de développer une plus grande résilience émotionnelle et de favoriser des relations saines et empathiques avec les autres.

7. Si tu souhaites manifester un amour inconditionnel envers tes enfants et envers les personnes qui t'entourent, fais cette prière avec moi :

Seigneur, je ne suis pas un parent parfait, mais j'aspire du fond du cœur à devenir la meilleure version de moi-même en tant que parent, mais également dans toutes mes relations.

Merci à toi, car à travers ta parole dans **Galates 5 : 22**, tu nous enseignes « *mais le fruit de l'esprit, c'est l'amour, la joie, la paix, la patience, la bonté, la bienveillance, la foi, la douceur, la tempérance* », et c'est ce à quoi je souhaite aspirer.

Pardonne-moi mes travers. Pardonne-moi les moments où j'ai laissé le doute, la peur ou même le manque de patience m'environner et m'envahir.

Aide-moi à manifester pleinement ta présence en moi en faisant des fruits de l'esprit mon leitmotiv. Aide-moi à manifester un amour inconditionnel envers chacun de mes enfants naturels ou spirituels.

Aide-moi à bannir toute forme de jugement envers les personnes qui m'entourent et à être un témoin fidèle à ta personne et à ta parole dans mon quotidien au nom de Jésus.

Permets-moi de manifester de l'empathie et de la bienveillance autour de moi.

Merci, car tu ne m'abandonnes jamais en dépit de mes carences.

Merci, car tu restaures mon âme et tu m'aides à me réconcilier avec mon histoire et mon passé, en sorte que je puisse au mieux accompagner les vies que tu m'as confié et afin que je puisse aimer mon prochain de l'amour de Christ.

Je souhaite être un instrument de bénédiction, d'amour et de bienveillance là où tu souhaites me placer.

Merci pour ton sacrifice à la croix pour nous, merci pour ton amour, merci pour ta miséricorde envers nous.

Au nom de Jésus, AMEN.

8. Ma réflexion personnelle sur ce chapitre

– Chapitre 4 –

Écouter avec compassion et créer un espace pour les émotions de nos enfants

1. Pourquoi l'écoute active est si importante pour le bien-être émotionnel de nos enfants et comment elle renforce notre relation avec eux ?

Lorsque nos enfants expriment leurs émotions et leurs préoccupations, il est essentiel de leur offrir une écoute active. L'écoute active consiste à être présent mentalement et émotionnellement, à accueillir leurs paroles sans jugement et à les encourager à s'exprimer librement.

Il est important d'écouter activement nos enfants lorsqu'ils expriment leurs émotions et leurs préoccupations pour plusieurs raisons.

1. Pour la validation de leurs émotions

Lorsque nous écoutons activement nos enfants, nous leur montrons que leurs émotions sont légitimes et importantes.

Cela les aide à se sentir compris, acceptés et aimés, ce qui favorise leur bien-être émotionnel. Cela a également tendance à renforcer leur estime de soi et à les aider à se sentir en confiance et en sécurité.

La validation des émotions de nos enfants est importante pour plusieurs raisons. Elle aura dans un premier temps pour objet la validation de l'expérience émotionnelle. Lorsque nous validons les émotions de nos enfants, nous leur montrons que ce qu'ils ressentent est juste et normal. Cela les aide à se sentir compris et acceptés, ce qui est essentiel pour leur développement émotionnel.

Ensuite, cela permettra le renforcement de leur confiance et leur estime de soi. En reconnaissant leurs émotions, nous les aidons à développer une image positive d'eux-mêmes et à se sentir en sécurité pour exprimer leurs sentiments librement. Ainsi, ils seront plus enclins à nous faire part des complications qu'ils sont susceptibles de vivre lorsqu'ils ne sont pas à la maison.

Enfin, cela va améliorer, consolider, voir restaurer la communication avec nos enfants. En effet, lorsque les émotions de nos enfants sont validées, ils sont plus susceptibles de partager ouvertement leurs pensées et leurs expériences. Cela favorise une communication ouverte et honnête, ce qui est essentiel pour maintenir une relation de confiance et pour apaiser le climat familial.

2. Pour le renforcement de la confiance et du lien parent-enfant

En leur donnant la possibilité de s'exprimer librement, nous renforçons la confiance de nos enfants en eux-mêmes et en nous en tant que parents. Ils se sentent entendus et compris, ce qui contribue à renforcer le lien qui nous unit.

L'écoute active encourage la communication ouverte et honnête entre nous et nos enfants. En exprimant de l'intérêt pour ce qu'ils disent, en posant des questions pertinentes et en montrant de l'empathie, nous créons un environnement où nos enfants se sentent à l'aise pour partager leurs pensées et leurs émotions, renforçant ainsi le lien parent-enfant qui nous lie.

En validant les émotions de nos enfants, nous leur montrons qu'ils sont pris au sérieux et que leurs sentiments sont importants.

Cela renforce la confiance de nos enfants dans leurs relations avec nous et les encourage à rechercher notre soutien lorsqu'ils en ont besoin.

En pratiquant régulièrement l'écoute active, nous montrons à nos enfants que nous sommes présents, disponibles et prêts à les soutenir, ce qui peut renforcer notre confiance et notre lien mutuel.

3. Pour le développement des compétences en communication

Lorsque nous écoutons activement nos enfants, nous leur montrons l'importance de l'écoute et de la communication respectueuse. Ils apprennent ainsi à exprimer leurs émotions de manière saine et à résoudre les problèmes de manière constructive.

Cela les aide aussi à exprimer ouvertement leurs pensées, leurs émotions et leurs préoccupations. En se sentant écoutés et compris, ils gagnent en confiance pour partager leurs points de vue et développent leur capacité à communiquer de manière claire et articulée.

Notons que le développement des compétences en communication est influencé par plusieurs facteurs.

Premièrement, les enfants qui grandissent dans un environnement où la communication est encouragée et valorisée ont plus de chances de développer des compétences en communication efficaces. Cela peut inclure des conversations ouvertes à la maison, des interactions avec des pairs et des occasions de s'exprimer dans divers contextes.

D'où l'importance, comme évoquée dans un chapitre précédent, de communiquer avec nos enfants dès le plus jeune âge sans nous questionner sur leur compétence de compréhension. Assurément, ils comprennent ce que nous leur exprimons, mais ils n'ont tout simplement pas encore acquis la maturité cérébrale leur permettant de nous répondre au travers du langage parlé. Ils s'exprimeront dans un premier temps au travers de pleurs ou de gestes.

La pratique régulière de la communication, combinée à un soutien émotionnel et à des retours constructifs, aidera nos enfants à affiner leurs compétences en communication. Recevoir des conseils sur la manière d'articuler ses pensées, d'écouter activement et de s'exprimer clairement contribuera à leur bon développement psychoaffectif, moral, émotionnel et même spirituel.

Les enfants apprennent beaucoup en observant les adultes et les autres enfants communiquer. Les modèles de communication positifs et efficaces, tels que l'écoute active, la clarté et l'empathie, ont un impact significatif sur leur propre style de communication.

4. Pour l'identification et la prévention des problèmes

En écoutant attentivement nos enfants, nous sommes plus susceptibles de détecter les signes de détresse ou de difficultés émotionnelles. Cela nous permet d'intervenir rapidement et de fournir le soutien approprié pour prévenir et traiter d'éventuels problèmes de santé mentale.

En écoutant activement nos enfants, nous leur offrons un espace sûr pour s'exprimer, nous renforçons leur confiance en eux et en nous, et nous favorisons leur développement émotionnel et relationnel.

Ils apprennent ainsi à exprimer leurs pensées et leurs émotions de manière claire et cohérente, ce qui favorise leur développement intellectuel et social. Ainsi, nous les encourageons à développer leurs compétences en communication.

Pour faire un pont avec la parole, dans la Bible, l'importance de l'écoute active et de la communication bienveillante est soulignée à plusieurs reprises.

Par exemple, comme vu précédemment, dans **Éphésiens 4:29**, il est écrit : « *Qu'il ne sorte de votre bouche aucune parole mauvaise, mais, s'il y a lieu, quelque bonne parole, qui serve à l'édification et communique une grâce à ceux qui l'entendent* ». Ce verset met l'accent sur l'importance de la parole bienveillante et constructive dans nos interactions.

Ou encore dans **Proverbes 18:13**, il est écrit : « *Celui qui répond avant d'avoir écouté fait un acte de folie et s'attire la confusion* ». Ce passage met en évidence l'importance de l'écoute attentive avant de répondre, ce qui est au cœur de l'écoute active.

De plus, dans **Jacques 1:19**, il est dit : « *Sachez-le, mes frères bien-aimés. Ainsi, que tout homme soit prompt à écouter, lent à parler, lent à se mettre en colère* ». Ce verset souligne l'importance de l'écoute attentive et de la patience dans nos interactions, ce qui contribue à renforcer le lien affectif avec nos enfants.

L'écoute active, en tant que composante essentielle de la communication bienveillante, renforce le lien affectif avec nos enfants en leur montrant que nous les écoutons avec attention, compassion et respect. En écoutant activement nos enfants, nous démontrons l'amour inconditionnel dont la Bible parle, renforçant ainsi le lien d'attachement et favorisant un environnement familial fondé sur la confiance et le soutien mutuel.

Lorsque nous écoutons attentivement nos enfants, nous les aidons à identifier et à comprendre leurs problèmes. En leur offrant un espace sûr pour partager leurs préoccupations, nous les encourageons à trouver des solutions par eux-mêmes, renforçant ainsi leur autonomie et leur confiance en leurs capacités de résolution de problèmes.

Écouter activement nos enfants peut également contribuer à la prévention des problèmes de santé mentale. En leur offrant un soutien émotionnel et un espace pour exprimer leurs émotions, nous les aidons à développer des compétences de régulation émotionnelle et à apprendre des mécanismes sains de gestion du stress, réduisant ainsi les risques de troubles mentaux tels que l'anxiété et la dépression, vues précédemment.

Nous ne devons donc absolument pas négliger les modes de communication que nous adoptons pour parler avec nos enfants. Ils sont dans l'observation constante et nous considèrent comme des modèles leurs montrant la voie à suivre.

En somme, l'écoute active de nos enfants favorise leur développement émotionnel, renforce notre relation avec eux et les prépare à faire face aux défis de la vie de manière saine et épanouissante.

C'est également un outil puissant pour nourrir les émotions de nos enfants. En écoutant attentivement et avec bienveillance, nous validons leurs émotions, renforçons le lien affectif, développons leurs compétences en communication et les aidons à résoudre les problèmes. En offrant une écoute active, nous créons un espace où nos enfants se sentent compris, acceptés et soutenus, contribuant ainsi à leur épanouissement émotionnel et à leur développement global dans des conditions optimales.

2. Que nous enseigne la parole sur ce principe ?

La Bible contient de nombreux principes qui encouragent la compassion et la patience dans nos interactions avec nos enfants.

Par exemple, dans **Éphésiens 4:32**, il est écrit : « *Soyez bons, pleins de compassion les uns pour les autres, et pardonnez-vous réciproquement, comme Dieu vous a pardonné en Christ* ». Ce verset met l'accent sur la compassion et le pardon, qui sont des qualités importantes à manifester dans nos relations familiales, y compris avec nos enfants.

De plus, dans **I Pierre 3 : 8**, il est dit : « *Ayez tous les mêmes pensées les uns envers les autres ; soyez pleins de compassion, d'amour fraternel, de miséricorde, d'humilité* ». Ce passage souligne l'importance de la compassion, de l'amour fraternel et de l'humilité dans nos interactions familiales, y compris avec nos enfants.

Ces principes bibliques nous encouragent à manifester de la compassion et de la patience envers nos enfants, en nous efforçant de comprendre leurs émotions, leurs luttes et leurs défis, et en leur offrant un soutien aimant et attentionné. La compassion implique non seulement de ressentir de la sympathie pour les difficultés de nos enfants, mais aussi de manifester de la bienveillance, de l'empathie et de la compréhension dans nos interactions avec eux.

De même, la patience, telle qu'enseignée dans la Bible, nous encourage à être tolérants, à faire preuve de maîtrise de soi et à être disposés à supporter les défis et les erreurs de nos enfants sans perdre notre calme ni notre amour pour eux. En appliquant ces principes, nous pouvons contribuer à édifier des relations familiales basées sur la confiance, le respect mutuel et l'affection.

Comme vu précédemment, dans **I Corinthiens 13 : 4-7**, il est écrit : « *L'amour est patient, il est plein de bonté ; l'amour n'est point envieux ; l'amour ne se vante point, il ne s'enfle point d'orgueil, il ne fait rien de malhonnête, il ne cherche point son intérêt, il ne s'irrite point, il ne soupçonne point le mal, il ne se réjouit point de l'injustice, mais il se réjouit de la vérité ; il pardonne tout, il croit tout, il espère tout, il supporte tout* ». Ce passage souligne l'importance de la patience, de la bienveillance et de la tolérance, qui sont des éléments clés de la relation parent-enfant.

De plus, dans **Colossiens 3:12-13**, il est dit : « *Ainsi donc, comme des élus de Dieu, saints et bien-aimés, revêtez-vous d'entrailles, de miséricorde, de bonté, d'humilité, de douceur, de patience. Supportez-vous les uns les autres, et, si l'un a sujet de se plaindre de l'autre, pardonnez-vous réciproquement. De même que Christ vous a pardonné, pardonnez-vous aussi* ». Ces versets mettent en avant l'importance de la compassion, de la patience et du pardon dans nos relations familiales, y compris avec nos enfants.

En conclusion de ce chapitre, retenons que la Bible contient de nombreux principes et enseignements qui nous encouragent à être compatissants et patients dans nos interactions avec nos enfants.

La compassion et la patience sont des attitudes essentielles pour renforcer le lien familial, favoriser une communication saine et développer une relation d'amour et de confiance avec nos enfants.

En suivant ces principes bibliques, nous pouvons établir des bases solides pour des relations familiales épanouissantes et harmonieuses en favorisant une écoute active. Il est également capital de considérer chacun de nos enfants selon leurs spécificités.

3. Si tu souhaites que Dieu t'aide à écouter de façon active tes enfants, ainsi que les personnes qui t'entourent, fais cette prière avec moi :

Seigneur, je ne suis pas un parent parfait, mais j'aspire du fond du cœur à devenir la meilleure version de moi-même, en tant que parent, mais également dans toutes mes relations.

Merci à toi de me pardonner mes travers et de me permettre dans ta miséricorde de me réajuster en renouvelant tes bontés tous les matins dans ma vie.

Pardonne-moi, car il m'arrive parfois de me laisser envahir par le quotidien, et de ce fait de ne plus prendre le temps d'écouter les besoins de mes enfants, ou de toutes personnes qui m'entourent.

J'aspire à devenir la meilleure version de moi-même, et je souhaite du fond du cœur être un exemple d'écoute active et attentive, afin que les personnes qui m'entourent se sentent réellement en sécurité affective en ma compagnie, et pour que l'on puisse voir au travers de mon attitude ta grandeur.

Aide-moi à être plus attentive/f à ce qui se passe autour de moi.

Aide-moi à sortir de moi-même et à faire plus attention aux autres et à leurs besoins afin que nous nous sentions tous considérés, aimés et écoutés.

Aide-moi à maintenir plein le réservoir d'amour de chacun de mes proches, en sorte qu'ils évoluent en confiance et en sécurité affective pour pouvoir ensuite mieux te servir.

Merci pour ton sacrifice à la croix pour nous, merci pour ton amour, merci pour ta miséricorde envers nous.

Au nom de Jésus, AMEN.

4. Ma réflexion personnelle sur ce chapitre

– Chapitre 5 –

Nourrir l'estime de soi : Valoriser l'identité de nos enfants

1. Qu'est-ce que l'estime de soi chez l'enfant ?

L'estime de soi représente la perception globale et évaluative de soi-même, incluant les sentiments de valeur personnelle, de compétence et de confiance en ses propres capacités.

L'estime de soi de nos enfants influence leur comportement, leurs relations, leur réussite scolaire et leur bien-être émotionnel.

Notons que chez nos enfants, elle se décompose en quatre domaines. Découvrons-les un peu plus en détail.

1. L'estime de soi académique :

Ce domaine consiste en la perception de leurs compétences et de leur réussite scolaire.

L'estime de soi académique se réfère à l'évaluation subjective que nos enfants font de leurs compétences et de leur valeur en tant qu'élèves ou en tant qu'étudiants. Cela englobe le sentiment de confiance en leurs capacités d'apprentissage, leur perception de leur performance scolaire et leur croyance en leur capacité à atteindre leurs objectifs académiques.

Une estime de soi académique positive est associée à une motivation accrue, à une meilleure performance et à une plus grande résilience face aux défis scolaires.

En tant que parents, nous avons un grand rôle à jouer sur ce point de par l'accompagnement que nous leur proposerons. Il nous est capital de les accompagner avec amour et bienveillance sans émettre de jugements de valeur à leur encontre quant aux résultats qu'ils obtiendront en fonction de leur investissement.

2. L'estime de soi sociale

Chez nos enfants, l'estime de soi sociale se développe à travers les interactions avec leurs pairs, leur famille et d'autres membres de la communauté. Elle peut être influencée par plusieurs facteurs, tels que leur capacité à se faire des amis, à interagir socialement, à être accepté par les autres, à participer à des activités sociales et à recevoir des encouragements et du soutien de la part des adultes qu'ils considèrent.

Une estime de soi sociale positive chez nos enfants est importante, car elle favorise leur développement social et émotionnel. En aidant nos enfants à cultiver, une estime de soi sociale positive, nous les aidons à s'engager dans des interactions sociales de manière confiante et compétente, à établir et maintenir des relations positives avec leurs pairs, et à développer des compétences sociales telles que la coopération, la résolution de conflits et la communication efficace.

Il est également important de noter que l'estime de soi académique et l'estime de soi sociale sont étroitement liées chez nos enfants. Une estime de soi académique positive peut influencer positivement l'estime de soi sociale, et vice versa. Cela signifie que lorsque nos enfants se sentent compétents et valorisés sur le plan académique, cela peut également renforcer leur estime de soi sociale, et inversement.

3. L'estime de soi physique

L'estime de soi physique chez nos enfants fait référence à l'évaluation subjective qu'ils font de leur propre apparence physique, de leur forme physique et de leurs compétences physiques. Cela englobe la perception de leur corps, leur niveau de satisfaction avec leur apparence et leur confiance en leurs capacités physiques.

L'estime de soi physique chez nos enfants peut être influencée par plusieurs facteurs, tels que les médias, les pairs, la société et l'environnement familial.

Les médias, en particulier, peuvent jouer un rôle important en projetant des normes de beauté irréalistes et en mettant l'accent sur l'apparence physique. Les interactions avec les pairs et les commentaires des adultes peuvent également influencer la manière dont nos enfants perçoivent leur propre corps. Cela peut aussi être influencé par leurs expériences de réussite ou d'échec dans les activités physiques.

Il est essentiel de promouvoir une estime de soi physique positive chez nos enfants en encourageant une image corporelle saine et en valorisant les talents, les compétences et les qualités autres que l'apparence physique. Nous pouvons souligner que chaque corps est unique et qu'il est important de se concentrer sur la santé et le bien-être plutôt que sur l'apparence externe. En encourageant une estime de soi physique positive, nos enfants seront mieux équipés pour développer une perception saine de leur corps et pour maintenir une relation positive avec leur image corporelle à mesure qu'ils grandissent.

Une estime de soi physique positive chez nos enfants est importante, car elle contribue à leur bien-être émotionnel, à leur confiance en eux, à leur motivation à être actifs physiquement et à adopter des comportements sains.

Il est essentiel d'encourager nos enfants à développer une estime de soi physique positive en les soutenant, en valorisant leurs capacités et en promouvant une image corporelle saine et réaliste.

Nous devons toutefois nous attacher à être dans l'écoute active quand ils nous font part de leurs doutes et de leurs craintes face à ce sujet. Parfois, ils se verront dans le « miroir » de leurs pairs, ou encore d'une personne qui leur est chère de façon erronée. Dans ces phases de doute, veillons à ne pas banaliser ce qu'ils ressentent et à faire preuve d'empathie et de compréhension en nous remémorant ce que nous avons nous-mêmes pu ressentir au même âge.

Il est bien dommage que parfois, nous, parents, nous avons trop souvent tendance à oublier ce par quoi nous sommes nous-mêmes passés, bien que notre expérience plaidant en notre faveur, nous avons de meilleures aspirations pour nos enfants.

Sans équivoque, nous devons les soutenir et faire en sorte de rester ce pilier sur lequel ils peuvent se reposer en considérant ce qu'ils ressentent à un moment donné.

4. L'estime de soi émotionnelle

L'estime de soi émotionnelle consiste en la capacité à reconnaître, comprendre et gérer ses émotions.

Chez nos enfants, elle se réfère à l'évaluation subjective qu'ils font de leurs émotions, de leur capacité à les comprendre, à les exprimer et à les gérer. Cela englobe la perception de leur propre valeur émotionnelle, leur confiance en leurs compétences émotionnelles et leur capacité à faire face aux émotions positives et négatives.

Notons qu'elle peut être influencée par divers facteurs tels que l'environnement familial, les interactions sociales, l'éducation émotionnelle et les expériences vécues. Une estime de soi émotionnelle positive chez nos enfants est importante, car elle favorise leur bien-être émotionnel, leur capacité à établir des relations saines et leur résilience face aux défis émotionnels qu'ils peuvent rencontrer.

Elle pourra se caractériser par différents facteurs clés tels que :

- La compréhension émotionnelle qui consiste en la capacité de nos enfants à identifier, comprendre et étiqueter leurs émotions. Cela implique de reconnaître et de nommer différentes émotions telles que la joie, la tristesse, la colère, la peur, le dégoût etc.

- L'expression émotionnelle qui se traduit par la capacité de nos enfants à exprimer leurs émotions de manière appropriée et constructive. Cela inclut la communication de leurs sentiments verbalement, par le langage corporel et par des moyens créatifs.

- La régulation émotionnelle qui passe par la capacité de nos enfants à gérer leurs émotions, à les contrôler et à les réguler de manière adaptative. Cela implique la reconnaissance des signaux émotionnels internes, le développement de stratégies de gestion du stress et de l'anxiété, et la recherche de soutien lorsque cela s'avère être nécessaire.

- Et enfin, l'estime de soi émotionnelle positive qui concerne la valeur que nos enfants accordent à leurs propres émotions et à leur capacité à les gérer. Une estime de soi émotionnelle positive se traduit par la confiance en ses propres compétences émotionnelles, la capacité à faire face aux défis émotionnels et le développement d'une image positive de soi en tant qu'individu émotionnellement compétent et stable.

L'estime de soi émotionnelle chez nos enfants est influencée par des facteurs tels que le soutien émotionnel de la famille, l'interaction sociale positive, le développement des compétences émotionnelles et les expériences émotionnelles vécues. En leur offrant un environnement émotionnellement sécurisant, en les encourageant à exprimer leurs émotions et en leur apprenant des compétences émotionnelles, nous pouvons contribuer à renforcer leur estime de soi émotionnelle.

2. Qu'est-ce que l'estime de soi selon les valeurs bibliques ?

La Bible ne parle pas directement de l'estime de soi telle que nous la comprenons aujourd'hui. Toutefois, elle aborde des principes et des enseignements qui peuvent avoir un impact très positif sur l'estime de soi en nous comme en nos enfants. Voici quelques passages qui peuvent être lus ou partagés lors de phases de doute :

Dans **Matthieu 22:39** il est écrit « *Tu aimeras ton prochain comme toi-même* ». Ce verset souligne l'importance de l'amour de soi et de l'amour des autres. Il suggère que l'amour de soi est un élément essentiel pour pouvoir aimer les autres.

Pour que nos enfants deviennent des personnes équilibrées à l'âge adulte et pour qu'ils puissent prendre soin du cœur des personnes qu'ils seront amenés à accompagner, à guider ou à porter en tant que futur serviteur de Dieu, il est capital qu'ils aient une juste estime d'eux-mêmes, qu'ils s'aiment et qu'ils se respectent à leur juste valeur en tant qu'humain, mais également en tant qu'enfant de Dieu.

Comme déjà vu précédemment, nous pouvons aussi lire dans le **Psaume 139:14** « *Je te loue de ce que je suis une créature si merveilleuse. Tes œuvres sont admirables, et mon âme le reconnaît bien* ». Ce verset nous rappelle que chaque personne est une création merveilleuse de Dieu, et cela peut contribuer à renforcer l'estime de soi en comprenant son unicité et sa valeur. En effet, étant créés à l'image de Dieu, nos enfants sont des créatures merveilleuses et le leur rappeler en partageant avec eux la parole les aidera à avoir une meilleure estime d'eux-mêmes.

Dans **Colossiens 3:12**, nous pouvons relever « *Ainsi donc, comme des élus de Dieu, saints et bien-aimés, revêtez-vous d'entrailles, de miséricorde, de bonté, d'humilité, de douceur, de patience.* » Ce verset rappelle à nos enfants qu'ils sont aimés et choisis par Dieu, et cela peut influencer positivement leur estime de soi en leur rappelant leur valeur en tant qu'enfants de Dieu.

Dans **Éphésiens 2:10**, la parole nous enseigne « *Car nous sommes son ouvrage, ayant été créés en Jésus-Christ pour de bonnes œuvres, que Dieu a préparées d'avance afin que nous les pratiquions* ». Ce verset peut rappeler à nos enfants qu'ils sont créés par Dieu avec un but et de bonnes œuvres à accomplir. Il peut aider à renforcer leur estime de soi en soulignant leur valeur et leur potentiel.

Ce verset vient également renforcer la conscience de leur identité en Christ. Il leur rappelle que quoi que puissent en penser leurs pairs ou les personnes mal intentionnées qui pourraient parfois avoir pour but de les faire douter de qui ils sont vraiment selon les principes bibliques, la parole de Dieu est le seul élément qui pourra les conforter et les encrer dans leur réelle identité, les poussant ainsi à prendre pleinement conscience de leur valeur aux yeux de Dieu et indéniablement aux yeux des Hommes.

Dans **1 Corinthiens 6:19-20**, la parole nous rappelle *« Ne savez-vous pas que votre corps est le temple du Saint-Esprit qui est en vous, que vous avez reçu de Dieu, et que vous ne vous appartenez point à vous-mêmes ? Car vous avez été rachetés à un grand prix. Glorifiez donc Dieu dans votre corps et dans votre esprit, qui appartiennent à Dieu. »* Ce passage souligne l'importance de prendre soin de notre corps et de reconnaître notre valeur en tant que temples du Saint-Esprit.

Nous pouvons nous appuyer sur ce verset, notamment en nous adressant à nos adolescents, qui peuvent parfois être tentés de se conformer au siècle présent, en cherchant l'approbation de leurs pairs au travers de certaines décisions qu'ils seraient amenés à prendre, pour s'intégrer à un groupe ou simplement pour être acceptés. Nous devrons toutefois en tant que parents apporter ce sujet sur la table avec beaucoup d'amour, d'empathie et de bienveillance.

Enfin, dans **Romains 12:3**, la parole nous rappelle *« Par la grâce qui m'a été donnée, je dis à chacun de vous de* *n'avoir pas de lui-même une trop haute opinion, mais de revêtir des sentiments modestes, selon la mesure de foi que Dieu a départie à chacun »*. Ce verset met en garde contre l'orgueil et encourage l'humilité.

Il peut aider nos enfants à maintenir une estime de soi équilibrée en évitant l'arrogance. Il leur permettra aussi de remettre les choses à leur place en leur rappelant qu'ils ne sont pas au-dessus des autres et qu'ils doivent traiter et considérer leurs pairs avec amour, respect et bienveillance.

3. Quels sont les facteurs qui influencent l'estime de soi chez nos enfants ?

Il y a au moins trois facteurs qui influencent l'estime de soi chez nos enfants. En tant que parents, notre rôle d'accompagnement et notre rôle éducatif sont primordiaux. Découvrons pourquoi.

1. L'environnement familial

Le soutien, la communication positive et l'encouragement des parents et des proches qui représentent l'environnement familial jouent un rôle crucial dans l'influence de l'estime de soi chez nos enfants.

Voici quelques façons dont l'environnement familial peut avoir un impact :

Dans le soutien et la validation : Comme vu dans le chapitre précédent, lorsque nos enfants reçoivent un soutien affectif, une validation de leurs émotions et de leurs réussites, cela renforce leur estime de soi. Des encouragements, des compliments et des marques d'affection de notre part prenant la forme de paroles valorisantes peuvent contribuer à développer une estime de soi positive.

En étant un modèle de comportement : Nous jouons un rôle de modèle pour nos enfants. Notre comportement parental, la façon dont nous gérons nos émotions et la manière dont nous les percevons nous-mêmes peuvent influencer l'estime de soi de nos enfants. Si nous démontrons une estime de soi positive à nos enfants, nous pouvons les inspirer à développer une estime de soi similaire.

Grâce à une communication ouverte : Une communication ouverte et bienveillante au sein de la famille permet à nos enfants de se sentir écoutés, compris et respectés. Cela favorise leur estime de soi en leur donnant la confiance nécessaire pour exprimer leurs émotions, leurs préoccupations et leurs besoins.

Au travers de l'encouragement de l'autonomie : Encourager nos enfants à prendre des décisions, à résoudre des problèmes et à assumer des responsabilités contribue à renforcer leur estime de soi comme évoquée dans un chapitre précédent. Leur donner des opportunités de prendre des initiatives et de faire des choix les aide à développer leur confiance en leurs propres capacités.

Cela est à considérer dès le plus jeune âge. Impliquer nos enfants dans les tâches du quotidien qui les concernent en s'adaptant à leur stade de développement les aidera à renforcer leur estime de soi. Par exemple, le matin, il sera plus satisfaisant de prévoir un temps plus long pour se préparer afin que nos jeunes enfants de 3 à 5 ans s'habillent et se chaussent seuls plutôt que de tout faire pour eux à la hâte.

Ce second comportement les poussera à ne pas savoir de quoi ils sont capables, biaisera leurs limites et aura un impact négatif sur leur estime de soi.

Donner à nos enfants des responsabilités adaptées à leur âge permet le renforcement de leur confiance en leurs capacités.

Il est important de noter que l'environnement familial est un aspect parmi d'autres qui influence l'estime de soi de nos enfants, et que chaque enfant est unique et peut réagir différemment aux influences environnementales.
Toutefois, nous devons faire notre part et mettre toutes les chances de notre côté, car c'est notre rôle de parents.

2. Les relations sociales dans la famille et à l'extérieur

Les interactions avec leurs pairs, leurs enseignants et d'autres figures d'autorité peuvent avoir un impact significatif sur l'estime de soi chez nos enfants.

L'acceptation et l'inclusion sociale par leurs pairs peuvent renforcer l'estime de soi de nos enfants. En effet, lorsqu'ils se sentent acceptés, aimés et appréciés par leurs pairs, cela peut renforcer leur confiance en eux et leur perception positive d'eux-mêmes.

Les encouragements et le soutien des enseignants auront également un très gros impact dans le

développement de l'estime de soi de nos enfants. En effet, lorsqu'ils reçoivent un encouragement, des éloges et un soutien positif de la part de leurs enseignants, cela renforce leur confiance en leurs compétences académiques et sociales. Ce qui aura par prolongation des conséquences directes très positives sur leur estime de soi en général.

De plus, lorsque les enseignants encouragent activement les efforts et les réalisations de nos enfants, cela les aide à croire en leurs capacités et à se sentir valorisés dans leur apprentissage.

Par exemple, un feedback constructif et spécifique donné par les enseignants aidera nos enfants à comprendre leurs forces et leurs faiblesses, et à voir les erreurs comme des opportunités d'apprentissage.

Des commentaires appropriés peuvent contribuer à une estime de soi équilibrée et à une amélioration de la confiance en soi de nos enfants.

Les enseignants qui font preuve de respect, d'empathie et de bienveillance envers leurs élèves permettent à nos enfants de se sentir valorisés et compris. Cela favorise une estime de soi positive en cultivant un climat de confiance et de sécurité dans la classe. De même, les enseignants favorisant l'inclusion et célébrant la diversité dans leur classe encouragent un sentiment d'appartenance chez nos enfants. En effet, lorsqu'ils se sentent acceptés et inclus, cela renforce leur estime de soi et leur confiance en eux.

C'est pourquoi, nous devons nous attacher à travailler en synergie et en étroite collaboration avec les adultes en contact direct avec nos enfants, afin qu'ils se sentent parfaitement entourés et en confiance, ainsi que pour favoriser une bonne estime de soi.

Les interactions avec d'autres figures d'autorité, telles que les parents, les entraîneurs sportifs, les coachs ou les mentors et tuteurs, peuvent être formatrices pour l'estime de soi de nos enfants. Lorsqu'ils reçoivent des conseils constructifs, de l'encouragement et des modèles positifs de ces figures d'autorité, cela peut renforcer leur estime de soi. Ils les considèrent comme des modèles donc leur adhésion révèle un impact très positif.

Notons que les adultes qui auront l'occasion d'accompagner nos enfants auront un rôle très important à jouer dans le développement de leur estime de soi.

Il est important de souligner que l'impact des interactions avec leurs pairs, leurs enseignants et les figures d'autorité qui interviendront dans leurs vies peut varier d'un enfant à l'autre, et que par prolongation, l'influence de chaque individu dans leurs vies peut être différente.

3. Les expériences vécues

Les réussites, les échecs, les défis et les évènements de la vie quotidienne peuvent avoir un effet significatif et façonner l'estime de soi de nos enfants.

Par exemple, lorsque nos enfants réussissent dans une tâche ou atteignent leurs objectifs, cela peut renforcer positivement leur estime de soi.

Leurs succès les aident à développer une perception positive de leurs capacités et à gagner en confiance en eux-mêmes.

À contrario, lorsqu'ils vivent des échecs, ces évènements peuvent être des occasions d'apprentissage et de croissance.

Toutefois, s'ils sont mal gérés, ils peuvent également affecter négativement l'estime de soi de nos enfants. Il est donc important de les encourager à voir les échecs comme des opportunités d'apprendre et de persévérer plutôt que comme des occasions de se juger ou de se dévaloriser.

Les défis peuvent également être des moments où nos enfants doivent sortir de leur zone de confort et faire face à des difficultés. Lorsqu'ils réussissent à les surmonter, cela renforce leur estime de soi en les aidant à se sentir compétents et capables de faire face à l'adversité.

Enfin, les interactions et les expériences de la vie quotidienne, qu'elles soient positives ou négatives, peuvent également influencer l'estime de soi de nos enfants. Les relations saines et positives, les encouragements, les moments de soutien familial et les expériences valorisantes vont contribuer à une estime de soi positive.

D'autre part, les expériences négatives, comme la critique constante ou les situations de rejet, vont assurément avoir un impact négatif sur leur estime de soi. Il est donc important et même capital d'offrir un environnement positif et soutenant à nos enfants pour favoriser une estime de soi saine.

4. Le développement de l'estime de soi

Pour favoriser le développement de l'estime de soi chez nos enfants, il sera intéressant d'activer 3 leviers. Voici quelques clés pratiques à mettre quotidiennement en place. Ces actions devraient in fine relever d'un véritable « lifestyle » pour ne pas dire style de vie.

Le premier levier sera la valorisation des efforts. Le but de ce levier sera de louer les tentatives, les progrès et les compétences plutôt que de se focaliser uniquement sur les résultats.

Cela se traduira en trois axes principaux :

o Le premier axe sera la reconnaissance des efforts. Il faudra prendre le temps de reconnaitre et d'apprécier les efforts que nos enfants déploient dans leurs activités. Nous devrons remarquer l'investissement, le temps et l'énergie qu'ils consacrent à réaliser une tâche. Nous pourrons faire des commentaires spécifiques sur les actions positives qu'ils auront entrepris pour atteindre leurs objectifs. Cela renforcera leur estime de soi en montrant à nos enfants que leurs efforts sont valorisés et importants, indépendamment du résultat final.

o Le second axe sera la célébration des progrès. L'idée ici sera de mettre l'accent sur les progrès réalisés par nos enfants plutôt que sur les résultats finaux. Il faudra les encourager à reconnaître et à célébrer chaque étape du processus. Nous soulignerons les améliorations qu'ils auront faites, les obstacles qu'ils auront surmontés et les nouvelles compétences qu'ils auront acquises. Cela renforcera l'idée que le chemin parcouru compte autant que la destination finale, et encouragera nos enfants à continuer à progresser et à s'efforcer d'atteindre leurs objectifs.

o   Le dernier axe sera l'encouragement de l'apprentissage et de la croissance. Nous mettrons l'accent sur l'apprentissage plutôt que sur les résultats purement basés sur la performance. Nous encouragerons nos enfants à prendre des risques, à apprendre de leurs erreurs et à voir les défis comme des opportunités d'apprentissage. Nous soulignerons l'importance de l'effort, de la

persévérance et de la volonté de s'améliorer constamment plutôt que de se concentrer uniquement sur les résultats. Cela permettra à nos enfants de développer une mentalité de croissance et de se sentir valorisés pour leurs efforts et leur capacité à apprendre et à grandir.

En résumé, en valorisant les efforts et les progrès de nos enfants, nous leur enseignons que leur estime de soi ne dépend pas uniquement de succès immédiats, mais plutôt de leur engagement, de leur persévérance et de leur volonté de s'améliorer continuellement. Cela favorise une estime de soi saine et durable.

Le second levier portera sur le soutien de leurs intérêts et de leurs passions. Cela se traduira par l'encouragement à la poursuite d'activités qui stimulent leur curiosité et leurs talents naturels.

Voyons en quatre points clés comment nous pourrons procéder.

o   Premièrement, nous devrons faire preuve d'observation et d'écoute. Nous serons attentifs aux intérêts et aux talents naturels de nos enfants. Nous observerons ce qui les enthousiasme, les sujets qui suscitent leur curiosité et les activités dans lesquelles ils réussissent particulièrement bien. Nous écouterons leurs préférences et leurs idées. Nous pourrons leur poser des questions ouvertes pour mieux comprendre ce qui les motive et les intéresse.

o   Ensuite, nous devrons les encourager à l'exploration. Nous pourrons nous attacher à leur fournir diverses opportunités d'explorer des activités qui correspondent à leurs centres d'intérêt. Cela pourra se faire à travers des cours, des clubs, des camps d'été, des livres ou des ressources en ligne. Il sera judicieux de les laisser essayer différentes choses pour qu'ils puissent découvrir ce qui leur plaît vraiment. Nous devrons être dans une démarche d'accompagnement afin qu'ils se sentent écoutés et considérés plutôt que rejetés et méprisés.

Pour partager une petite anecdote personnelle, lorsque j'avais 12 ans, suite à la naissance de ma sœur benjamine, je disais à mes parents que quand je serai adulte, j'aimerai être auxiliaire de puériculture.
Pour des raisons qui leurs sont propres, ils ont décidé que ce métier n'était pas suffisamment à la hauteur de mes capacités.

Assurément, ils pensaient bien faire et voulaient me pousser à donner le meilleur de moi-même. Mais le résultat fut qu'après un parcours dans différents domaines tels que la vente au détail d'habillement durant 5 ans, la banque en tant que conseillère clientèle durant presque 10 ans et un poste en tant qu'agent commercial en immobilier à mon compte durant moins d'un an entre autres, j'ai validé mon diplôme d'auxiliaire de puériculture à 39 ans en juillet 2023.
Je reste convaincu que mes parents ont vraiment voulu faire les choses de la façon la plus appropriée à leur sens, mais cela n'a fait que générer en moi du doute, de la frustration, un manque de considération de par le refus de mes choix, du rejet et un sentiment de solitude.

o   Fournir des ressources et un soutien représentera le troisième point clé. En effet, nous devrons nous assurer que nos enfants disposent des ressources nécessaires pour poursuivre leurs activités. Cela pourra inclure du matériel, des outils, des livres ou même des mentors, des coachs ou des enseignants qui pourront les accompagner dans leurs apprentissages. Nous devrons les encourager à poser des questions, à chercher des réponses et à développer leurs compétences en communication et en compréhension.

Je me rappelle encore, lorsque j'étais en terminal informatique et gestion, tandis que j'aurai bien préféré être ailleurs, alors que je me battais pour valider mon diplôme dans une matière qui ne me stimulait absolument pas, je n'étais en plus pas équipée comme il le fallait. En effet, j'étais dans un domaine qui nécessitait du travail à domicile sur ordinateur alors

que je n'en avais pas.

Cette blague a atteint son paroxysme lorsque nous avons été visiter les écoles ÉPITA et EPITECH en région parisienne, alors que mon degré de motivation ne présageait clairement pas une réussite au bac et encore moins un dossier assez prestigieux pour être accepté dans de telles écoles de renom à l'époque.

Je crois encore lire un soupçon de déception dans le regard de mon père quant aux choix professionnels que j'ai pu faire, et plus particulièrement celui de quitter une banque aussi « prestigieuse » que celle qui arbore un carré rouge noir et blanc. Ce que je retiens, c'est qu'ils veulent bien faire et que cela s'apparente plus à un excès de zèle parental qu'à de la malveillance.

Ceci étant dit, considérons avec attention ce que nous partagent nos enfants et encore plus quand ils sont en âge de raisonner un minimum par eux même.

Toutefois, cela ne doit pas tomber dans l'excès inverse en cédant aux moindres désirs de nos enfants par peur de les frustrer. Nous aborderons ce point un peu plus en détail dans un prochain tome.

    o   Nous devrons également nous attacher à valoriser leurs efforts et leurs progrès. Pour ce faire, nous devrons mettre l'accent sur les efforts investis par nos enfants et les progrès qu'ils réaliseront dans leurs activités. Nous les féliciterons pour leurs réalisations et nous les encouragerons à continuer d'apprendre et à se développer. Cela renforcera leur confiance en soi et leur motivation pour poursuivre leurs passions.

o   Enfin, nous leur offrirons un espace favorable à travers un environnement où nos enfants se sentiront en confiance pour explorer leurs intérêts et talents. Nous encouragerons leur créativité, l'expérimentation et l'apprentissage par l'échec. Nous devrons rester ouverts aux idées et aux aspirations de nos enfants et les soutenir dans leurs choix en adoptant une posture d'accompagnant et de conseillers tout en leur faisant un minimum confiance.

Pour renforcer l'estime de soi chez nos enfants, il sera essentiel de les encourager à explorer et à apprendre de nouvelles choses. En les exposant à une variété d'activités et en les aidant à surmonter les défis, nous favoriserons le développement de leur confiance en leurs compétences et en leurs capacités. Cela les amènera à voir l'échec comme une occasion d'apprentissage plutôt que comme un reflet de leur valeur personnelle, renforçant ainsi leur estime de soi et leur résilience face aux difficultés.

En fin de compte, il sera important de laisser nos enfants suivre leur propre chemin en les soutenant dans leurs passions et intérêts naturels. Toutefois, la prière sera réellement à considérer dans la balance. Effectivement, l'aspect psychologique aura un gros impact, mais l'aspect spirituel ne sera absolument pas à négliger.

Enseigner la résilience à nos enfants les aidera à voir les échecs comme des opportunités d'apprentissage. Ça les poussera également à développer leur capacité à rebondir face aux obstacles et aux difficultés du quotidien.

Le troisième et dernier levier portera sur l'établissement de limites saines et l'encouragement du respect de soi.

Établir des limites saines chez nos enfants impliquera de fixer des règles claires et cohérentes, tout en leur expliquant pourquoi ces limites sont importantes.
En les encourageant à exprimer leurs émotions et en les soutenant dans leurs décisions, nous les aiderons à développer une compréhension saine de leurs propres limites. Cela renforcera leur confiance en soi et leur permettra de se sentir respectés, contribuant ainsi à cultiver une estime de soi positive et équilibrée.

Pour encourager le respect de soi chez nos enfants, il sera essentiel de valoriser et de respecter leurs choix et opinions, même s'ils diffèrent des nôtres. Cela leur donnera le sentiment d'être entendus et compris, renforçant ainsi leur confiance en eux. En enseignant également le respect des limites personnelles des autres, nous les aiderons à développer des compétences sociales importantes et à cultiver des relations saines, ce qui contribuera à leur estime de soi en leur montrant comment être respectueux envers les autres tout en se respectant eux-mêmes.

Pour développer une estime de soi saine chez nos enfants, il sera également crucial d'offrir un environnement où ils se sentiront en sécurité pour exprimer leurs besoins et émotions. Nous devrons les encourager à prendre des initiatives, à résoudre des problèmes par eux-mêmes tout en les soutenant et en les guidant. En leur offrant des encouragements positifs et en célébrant leurs réussites, nous renforcerons leur confiance en eux et les aiderons à développer une perception positive d'eux-mêmes, contribuant ainsi à une estime de soi saine et équilibrée.

Un autre élément crucial sera de modéliser un comportement respectueux envers soi-même.
En démontrant comment établir nos propres limites et les maintenir avec respect, nous offrirons un exemple concret à nos enfants. En favorisant un dialogue ouvert et en les impliquant dans la prise de décisions appropriées à leur âge, nous les aiderons à développer un sens de responsabilité et de confiance en soi, essentiels pour une estime de soi positive et saine.

Aussi, encourager la compassion envers eux-mêmes les aidera à développer une estime de soi saine. Nous leur apprendrons à se pardonner pour leurs erreurs et à cultiver une attitude bienveillante envers leurs propres imperfections. Cela contribuera à créer une mentalité positive, où l'acceptation de soi est fondamentale. En favorisant cette approche, nous construirons une base solide pour leur estime de soi en les aidant à se percevoir avec gentillesse et compréhension, quelles que soient les situations auxquelles ils seront confrontés.

Cela impliquera également pour nos enfants de reconnaître leurs propres limites émotionnelles, mentales et physiques. Cela passera par l'expression de leurs besoins, dire non lorsque quelque chose ne correspondra pas à ce qui est acceptable pour eux selon les valeurs que nous leur aurons inculquées, et établir des attentes claires dans leurs relations. En fixant ces limites, ils renforceront leur propre valeur personnelle et encourageront les autres à les traiter avec respect. Cela contribuera à créer des relations plus authentiques et équilibrées, favorisant ainsi une estime de soi positive et un bien-être émotionnel.

Établir des limites saines leur permettra d'apprendre à gérer les réactions des autres lorsqu'ils énonceront ces limites. Il sera important de rester ferme tout en étant respectueux, même si cela pourra parfois susciter des réactions négatives chez certaines personnes.

En prenant soin d'eux-mêmes et en maintenant ces limites, nos enfants démontreront leur valeur personnelle, ce qui contribuera à une estime de soi plus solide et à des relations plus équilibrées. Ce processus nécessitera du temps et de la pratique, mais il sera essentiel pour que nos enfants cultivent une estime de soi saine et durable. En tant que parents, nous aurons également un rôle d'accompagnement à jouer sur ce plan-là.

Pour partager une expérience personnelle vécue sur ce point, l'année dernière, alors que mon fils ainé était en 6e, j'ai remarqué un changement soudain dans son comportement. Il manifestait de la tristesse et il se renfermait sur lui-même alors que ce n'est pas du tout sa nature. Un soir, j'ai décidé de le prendre à part et d'avoir un échange à cœur ouvert avec lui.

Au début, il n'osait pas parler, car il avait un peu honte de ce qui le chagrinait. J'ai trouvé l'approche adéquate en lui disant qu'il pouvait me faire confiance et que quoi qu'il souhaite me raconter, je ne le jugerai pas. Je lui ai également rappelé qu'en tant que parent, j'étais là pour veiller sur son bien-être tant sur le plan physique que sur les plans psychologique et émotionnel, et que j'avais pour rôle d'être une oreille attentive sans jugement.

Il a commencé à pleurer et m'a raconté que dans sa classe, un de ses meilleurs amis le forçait à lui lire des mangas durant la récré et que quand il refusait, il l'insultait…

Je dois avouer que sur le coup, une colère est montée en moi, mais je me suis rapidement rappelé que je devais être un modèle de self-contrôle en manifestant la tempérance dont je lui parle régulièrement. Je dois reconnaître que ce n'était pas chose facile, mais j'ai pris sur moi. J'ai décidé de faire preuve de sagesse et je lui ai demandé de m'expliquer plus en détail le contexte.

Nous en avons finalement conclu qu'il n'avait pas à subir ça, et que de son côté, mon fils devait réajuster son comportement en ne laissant pas cet enfant le traiter de cette façon. Je lui ai simplement demandé d'expliquer à son camarade que son comportement n'était pas approprié et que s'il continuait, mon fils devrait en parler aux adultes qui en ont la responsabilité sur le temps scolaire. Je l'ai également invité à pardonner son camarade, car il ne devait pas se rendre compte que son comportement était déplacé. Nous avons envisagé en parler à ses parents, mais suite à un temps d'observation, cet enfant ayant réajusté son comportement, nous en sommes finalement restés là.

Établir des limites saines permettra aussi à nos enfants de développer un sens de responsabilité personnelle. En les définissant, ils prendront la responsabilité de leurs propres besoins et de leur bien-être émotionnel, créant ainsi un environnement où ils se sentiront respectés et valorisés. Cela favorisera leur autonomie émotionnelle, renforcera leur confiance en soi et contribuera à forger une estime de soi solide et équilibrée. En établissant ces limites, nos enfants définiront également leurs propres valeurs et identifieront ce qui est essentiel pour eux dans les relations interpersonnelles.

Enfin, cela représentera également un acte d'amour-propre. En les mettant en place, nos enfants affirmeront leur valeur personnelle et montreront aux autres comment ils souhaitent être traités.

Cela pourra susciter initialement des réactions diverses, mais à long terme, cela contribuera à créer des relations plus authentiques et respectueuses, ce qui contribuera à une estime de soi positive en établissant des relations plus saines et en s'affirmant davantage.

En d'autres termes, en prenant soin d'eux et en définissant des limites, ils développeront une estime de soi plus robuste et authentique, renforçant ainsi leur bien-être émotionnel et leur bonheur général.

L'expérience de mon fils que j'ai précédemment partagée est venue créer un précédent dans son histoire qui lui permettra à l'avenir de savoir ce qu'il est en mesure d'accepter ou non de la part des personnes qu'il côtoie.

1. Leur identité en Christ

En tant que parents, rappeler à nos enfants leur identité en christ pour qu'ils aient conscience de leur valeur et qu'ils développent une estime de soi en accord avec les principes bibliques est fondamental.

Faisons un pont en plongeant dans la parole afin de découvrir ce qu'elle nous enseigne sur ce sujet-là.

2 Corinthiens 5:17 nous partage « *Si quelqu'un est en Christ, il est une nouvelle créature. Les choses anciennes sont passées ; voici, toutes choses sont devenues nouvelles* ».

Ce verset rappelle à nos enfants le fait que lorsqu'ils sont en relation avec Christ, ils sont transformés et ils ont une nouvelle identité.

Ils ne sont plus définis par leurs erreurs et leurs fautes passées, mais ils sont renouvelés en Christ. Dans sa miséricorde, Dieu nous pardonne nos fautes et nous donne des opportunités de faire mieux aux prochaines occasions. Veillons donc à rappeler cela aussi souvent que nécessaire à nos enfants.

Ce verset souligne également l'idée que, lorsque nos enfants s'unissent à Christ par la foi, ils sont transformés en de nouvelles créatures. Cela signifie que leur ancienne nature pècheresse et leurs actions passées sont améliorées et transformées par la grâce de Dieu, puis sont mises de côté et remplacées par une nouvelle nature en Christ. Leur identité en Christ repose sur leur relation avec lui et sur la puissance de sa grâce

rédemptrice.

Grâce à leur identité en Christ, nos enfants sont libérés de leur passé et ils sont appelés à vivre selon leur nouvelle identité en Christ.

Cette nouvelle identité est caractérisée par la justice, la sainteté, l'amour et la grâce de Dieu. Nos enfants ont besoin de s'approprier cette parole afin de la vivre pleinement dans leur quotidien. Notre rôle de parents est de les accompagner dans cette démarche afin qu'ils développent une estime de soi saine.

Dans **Galates 2:20**, il est écrit «*J'ai été crucifié avec Christ ; et si je vis, ce n'est plus moi qui vis, c'est Christ qui vit en moi ; si je vis maintenant dans la chair, je vis dans la foi au Fils de Dieu, qui m'a aimé et qui s'est livré lui-même pour moi*». Ce verset met en avant l'idée que notre identité comme celle de nos enfants est liée à notre union avec Christ. Nous ne vivons plus pour nous-mêmes, mais Christ vit en nous, ce qui nous rend victorieux en dépit des circonstances et en dépit des difficultés que nous pouvons être amenés à rencontrer. Attachons-nous à partager ce principe avec nos enfants.

Ce verset met l'accent sur notre union intime avec Christ. Il explique que lorsque nous mettons notre foi en Jésus-Christ, nous sommes identifiés avec lui dans sa mort et sa résurrection. Notre ancienne nature pècheresse est crucifiée avec Christ, et nous sommes ressuscités avec lui pour vivre une nouvelle vie en lui.

Cela signifie que nous sommes désormais unis à Christ de manière si profonde que sa vie et sa puissance habitent en nous par le Saint-Esprit. Nous ne vivons plus pour nous-mêmes, mais pour lui. Cette nouvelle identité en Christ nous donne la capacité de vivre selon sa volonté et de témoigner de sa grâce et de son amour aux autres.

Ce sont des valeurs que nous devons partager avec nos enfants afin qu'ils prennent pleinement conscience de leur identité et afin qu'ils reconnaissent qu'ils ne sont plus définis par leur nature Adamique, mais ils ont désormais revêtu une nature Christique au travers de la nouvelle alliance née à la résurrection du Christ crucifié à la croix.

Jean 1:12 nous rappelle « *Mais à tous ceux qui l'ont reçue, à ceux qui croient en son nom, elle a donné le pouvoir de devenir enfants de Dieu* ». Ce verset souligne que lorsque nous ainsi que nos enfants recevons Christ et croyons en lui, nous sommes adoptés dans la famille de Dieu. Cela signifie que nous avons une nouvelle identité en tant qu'enfants de Dieu.

Ces principes bibliques nous rappellent l'importance de notre identité en Christ et de la transformation qu'il apporte dans nos vies.

Colossiens 3:3-4 « *Car vous êtes morts, et votre vie est cachée avec Christ en Dieu. Quand Christ, votre vie, paraîtra, alors vous paraîtrez aussi avec lui dans la gloire* ». Ces versets soulignent que notre vraie vie ainsi que celle de nos enfants si nous leur inculquons ces valeurs avec amour et bienveillance sont cachées en Christ. Lorsque nous sommes en relation avec lui, notre identité est trouvée en lui.

Notre ancienne identité est mise de côté et nous recevons une nouvelle identité en Christ. Nous sommes considérés comme étant morts aux choses terrestres et notre véritable existence est désormais liée à Christ.

Ces principes bibliques soulignent que notre identité en Christ ainsi que celle de nos enfants sont fondamentales et qu'elle dépasse notre ancienne nature et nos erreurs passées. Notre valeur et notre identité résident en lui, nous permettant de vivre une vie transformée et de marcher selon sa volonté.

Ces principes bibliques soulignent également l'importance de notre identité en Christ en tant que croyants. Ils nous rappellent que nous ne sommes plus définis par notre passé ou par notre propre force, mais nous sommes transformés par la puissance de Christ en nous.

En comprenant et en embrassant cette identité en Christ, nous pouvons vivre avec confiance, avec espérance et avec un sens profond de notre valeur et de notre but en tant qu'enfants de Dieu.

Éphésiens 2:10 nous rappelle « *Car nous sommes son ouvrage, ayant été créés en Jésus-Christ pour de bonnes œuvres, que Dieu a préparées d'avance, afin que nous les pratiquions* ». Ce verset souligne que nous sommes créés par Dieu en Jésus-Christ pour accomplir de bonnes œuvres. Notre identité en Christ comme celle de nos enfants est étroitement liée à notre vocation et à notre but dans la vie. Nous sommes créés avec un dessein spécifique et Dieu a déjà préparé des œuvres que nous sommes appelés à accomplir pour sa gloire.

Cela signifie que notre identité en Christ est marquée par notre capacité à être des agents de transformation positive dans le monde, en suivant les enseignements et l'exemple de Jésus. Nous sommes appelés à refléter l'amour de Dieu, à pratiquer la justice, à montrer de la compassion et à apporter l'espoir aux autres.

Notre identité en Christ est donc profondément liée à notre rôle dans l'accomplissement des plans de Dieu pour la réconciliation et la restauration de toutes choses.

En aidant nos enfants à comprendre et à embrasser leur identité en Christ, nous pouvons les aider à trouver la paix, la confiance et une source d'inspiration pour vivre une vie qui a un impact positif sur eux-mêmes et sur ceux qui les entourent.

Pour conclure sur ce chapitre, je dirai que l'estime de soi est un aspect essentiel du développement de nos enfants, influençant leur perception d'eux-mêmes, leurs relations et leur bien-être global.

En leur offrant un environnement positif, un soutien affectif et des encouragements adaptés, nous pouvons aider nos enfants à développer une estime de soi saine et durable.

Nous appuyer sur la parole pour accompagner nos enfants dans le développement de leur foi, de leur relation avec Dieu et d'une juste estime sera capital afin d'augmenter leur chance de devenir en grandissant des adultes équilibrés, ayant pleinement conscience de leur identité en tant qu'enfant de Dieu, mais également en tant que ministre de Christ.

Seigneur, je ne suis pas un parent parfait, mais j'aspire du fond du cœur à devenir la meilleure version de moi-même en tant que parent, mais également dans toutes mes relations.

Merci à toi de m'avoir sélectionné, de m'avoir appelé et de m'avoir mis à part. Je reconnais que ce n'est pas un acquis, mais que c'est une grâce.

Pardonne-moi toutes ces fois où j'ai douté de mon identité en Christ, me conduisant par prolongation à faire douter mes enfants de ta grandeur.

Aide-moi à avoir pleinement conscience de mon identité afin que je sois une source d'inspiration pour chacun des enfants naturels et spirituels que tu placeras sous ma responsabilité.

Aide-moi à crucifier ma nature adamique et à aspirer à manifester pleinement ma nature Christique. En décidant de marcher dans tes pas, j'ai également décidé d'accomplir le mandat pour lequel tu m'as suscité sur cette terre qui consiste à ne perdre aucune des brebis que tu m'auras confiées.

Ma famille étant mon premier ministère, aide-moi à accompagner chacun de mes enfants afin qu'ils aient pleinement conscience de leur identité et qu'ils aspirent à te servir, à te ressembler et à être des instruments puissants entre tes saintes mains.

Merci pour ton sacrifice à la croix pour nous, merci pour ton amour, merci pour ta miséricorde envers nous.

Au nom de Jésus, AMEN.

5. Ma réflexion personnelle sur ce chapitre

– Chapitre 6 –

L'influence des modèles parentaux sur les cœurs de nos enfants

1. L'importance d'adapter nos propres attitudes et comportements en tant que parents

Nos attitudes en tant que parents ont une importance significative sur le cœur de nos enfants. Dans ce chapitre, nous allons explorer les raisons pour lesquelles il nous est capital d'adapter nos propres attitudes et comportements quand nous avons nous même certaines attentes vis-à-vis de nos enfants.

1. Être un modèle comportemental

Dans un premier temps, nous verrons pourquoi nous devons être un modèle tant dans nos attitudes que dans nos comportements et comment.

Notons que les attitudes désignent des dispositions positives ou négatives acquises exprimant ce que nous ressentons, tandis que nos comportements, eux, désignent des réactions observables exprimant ce que nous faisons.

Les attitudes sont supposées être des prédispositions à agir, et donc induire des comportements.

Nos enfants apprennent principalement en nous observant en tant que leurs parents. Nos attitudes et comportements leur servent de modèles. Si nous adoptons des attitudes positives, telles que la bienveillance, l'amour et l'encouragement, cela influencera positivement le cœur de nos enfants et leur propre développement émotionnel. À contrario, si nous adoptons des comportements inappropriés à leur encontre, nous risquons de créer en eux des désordres qui les feront douter de leur identité et qui les conduiront à faire de mauvais choix lorsqu'ils seront aptes à prendre des décisions seuls.

Afin d'être un modèle comportemental en tant que parents, il sera intéressant d'activer six leviers.

Le premier consistera à prendre le temps de réfléchir à nos propres attitudes, valeurs et comportements. Nous devrons être honnêtes avec nous-mêmes sur nos forces et nos faiblesses. La conscience de soi est la première étape pour apporter des changements positifs. En effet, si nous ne sommes pas objectifs sur le travail que nous devons nous même réaliser en nous afin d'optimiser notre accompagnement en tant que parents, il sera difficile pour nos enfants d'en faire de même.

Le second consistera à être consistant. Nous devrons essayer d'être cohérents dans nos actions et nos paroles. Nos enfants ont besoin de stabilité et de prévisibilité. Si nous prônons des valeurs telles que l'honnêteté et le respect, nous devrons veiller à les pratiquer régulièrement. Être un modèle sur ce point en mettant nous-mêmes en pratique ce que nous attendons de nos enfants sera capital si nous voulons les voir appliquer les valeurs et les principes que nous leur inculquons.

Être consistant en tant que parent pourra aider à créer un environnement stable et prévisible pour nos enfants.

En pratique, cela passera par :

1. L'Établissement de règles et de limites claires :

Nous définirons des attentes claires en ce qui concerne le comportement, les responsabilités et les conséquences. Assurez-vous que vos enfants connaissent les règles et les limites, et expliquez-leur pourquoi elles sont importantes.

2. En étant cohérent dans l'application des règles que nous fixons :

Nous veillerons à appliquer les règles de manière cohérente et équitable. Nous éviterons de faire des exceptions fréquentes ou d'appliquer des règles de manière arbitraire, car cela pourra semer la confusion chez nos enfants.

3. En communiquant ouvertement avec nos enfants :

Nous nous attacherons à encourager la communication ouverte et honnête avec nos enfants. Cela passera par l'écoute de leurs préoccupations et de leurs opinions, et par le fait d'être prêt à leur expliquer nos décisions ainsi que nos attentes de manière compréhensible.

4. En montrant l'exemple :

Rappelons-nous que nos actions parlent plus fort que nos mots. Nous ferons en sorte d'être un modèle de comportement positif en respectant également les règles et les valeurs que nous attendons de nos enfants.

5. En faisant preuve de constance dans la discipline :

Lorsque nous imposerons une discipline, nous ferons preuve de constance dans l'application des conséquences. Cela aidera nos enfants à comprendre les conséquences de leurs actions et à apprendre de leurs erreurs.

Le troisième levier nécessitera que nous options pour une communication claire. Nous devrons nous attacher à expliquer à nos enfants pourquoi nous adoptons certains comportements et comment ils peuvent aussi se comporter de manière appropriée. Nous utiliserons des exemples concrets et des mots compréhensibles et adaptés à leur âge. En effet, les enfants ont souvent besoin qu'on illustre certains principes afin que cela leur semble plus concret.

Une communication claire avec nos enfants sera essentielle pour plusieurs raisons :

Tout d'abord, cela favorise une meilleure compréhension mutuelle entre parents et enfants. En étant clairs dans nos propos, nous aiderons nos enfants à comprendre nos attentes, nos instructions et nos valeurs.

En outre, une communication claire permettra également de renforcer la confiance et la relation entre nous et nos enfants. Lorsque nous nous exprimerons de manière claire et ouverte, nous encouragerons nos enfants à partager leurs pensées, leurs préoccupations et leurs émotions avec nous. Cela créera un espace sécurisé où nos enfants se sentiront écoutés et compris.

De plus, comme vue dans un chapitre précédent, une communication claire aide nos enfants à développer leurs compétences linguistiques et leur capacité à s'exprimer de manière articulée. En leur fournissant des informations et des explications claires, nous les aidons à développer leur vocabulaire, leur capacité à formuler des idées et à résoudre des problèmes de manière efficace.

Enfin, une communication claire permet également de prévenir les malentendus et les conflits. Lorsque nous sommes précis dans nos messages, nous évitons les interprétations erronées et les frustrations qui peuvent découler d'une communication floue.

En somme, opter pour une communication claire avec nos enfants favorise une meilleure compréhension mutuelle, renforce la relation parent-enfant, développe les compétences linguistiques et prévient les conflits. C'est donc un choix bénéfique pour le bien-être et le développement de nos enfants.

Le quatrième levier sera fondé sur la pratique de l'empathie. Nous devrons tenter de nous attacher à nous mettre à la place de nos enfants et de comprendre leurs émotions et leurs besoins. L'empathie les aidera à se sentir compris et soutenus, et encouragera également leur propre empathie envers les autres.

Rappelons-nous notre tendre jeunesse. Parfois, en tant que parents, nous avons tendance à oublier ce par quoi nous sommes nous-mêmes passés du haut de notre tour d'ivoire. Nous avons nous-mêmes traversé certaines complications et certaines difficultés, mais quand nos enfants se retrouvent dans la même posture, nous avons rapidement tendance à vouloir leur jeter la pierre ou les juger alors qu'à l'époque, nous nous sentions nous même incompris par nos propres parents. Nous devons briser ce cercle vicieux et tenter de ne pas reproduire avec nos enfants ce qui a été à l'origine de nos propres souffrances.

Le cinquième levier consistera en le fait de nous pardonner nous-mêmes et apprendre de nos erreurs. En effet, personne n'est parfait, et il est normal de faire des erreurs en tant que parent. L'important sera d'admettre nos erreurs, de nous en excuser si nécessaire, et de montrer à nos enfants que nous sommes prêts à apprendre et à grandir. Cette attitude relèvera d'un vrai niveau de maturité et permettra à nos enfants de ne pas juger nos erreurs et nos mauvais choix et leur révèlera un réel modèle à suivre.

Le sixième et dernier levier sera fondé sur le fait de prendre soin de nous. En effet, en tant que parent, il est essentiel de prendre soin de nous-mêmes. Prenons du temps pour nous recharger, maintenons une bonne santé mentale et physique, et cherchons des moyens de gérer le stress. Un parent épanoui aura plus de facilité à être un modèle de comportement pour ses enfants. Cela nous permettra également d'être plus lucides aux décisions que nous serons amenés à prendre tout au long de la vie de nos enfants.

Avant toute chose, rappelons-nous que personne n'est parfait, mais en faisant de notre mieux pour être un modèle positif, nous pouvons avoir un impact significatif sur le comportement et le développement de nos enfants. Attachons-nous donc à faire de ce principe une réalité afin de les accompagner dans des conditions optimales et afin d'en faire de futurs adultes un minimum équilibré.

2. Comment nous inspirer de la parole sur ce point ?

Les principes bibliques offrent un guide précieux pour devenir des modèles positifs et inspirants pour nos enfants. Voici quelques principes clés que nous pouvons appliquer :

1. L'amour inconditionnel :

Comme nous l'avons longuement abordé dans un chapitre précédent, ce premier point relève d'une piqûre de rappel, car il s'agit là d'un point crucial et essentiel qui contribuera au bien-être de nos enfants.

La Bible enseigne l'amour inconditionnel, reflété dans l'amour de Dieu pour nous. En aimant nos enfants de manière inconditionnelle, nous leur montrons un exemple concret de cet amour divin, les aidant à se sentir acceptés et valorisés.

L'amour inconditionnel, tel qu'enseigné dans la Bible, est un amour sans limites ni conditions. C'est l'amour que Dieu a pour chacun de nous, peu importe nos erreurs ou nos imperfections. En aimant nos enfants de manière inconditionnelle, nous leur offrons un sentiment de sécurité émotionnelle et de valeur intrinsèque. Cela signifie les aimer non pas parce qu'ils réussissent ou se comportent d'une certaine manière, mais simplement parce qu'ils sont nos enfants.

L'amour inconditionnel est un concept central dans la Bible, illustré par l'amour de Dieu pour l'humanité. Cet amour transcende les limites humaines et les erreurs. En aimant nos enfants de manière inconditionnelle, nous leur offrons un refuge émotionnel où ils se sentent acceptés, aimés et en sécurité, indépendamment de leurs actions ou de leurs performances. Cela renforce leur estime de soi et les encourage à être authentiques et confiants dans leurs relations avec les autres.

Jean 3:16 : « *Car Dieu a tant aimé le monde qu'il a donné son Fils unique, afin que quiconque croit en lui ne périsse pas, mais qu'il ait la vie éternelle* ». Ce verset souligne l'amour inconditionnel de Dieu pour l'humanité, exprimé à travers le don de son fils Jésus-Christ. De la même manière, en tant que parents, nous sommes appelés à aimer nos enfants de manière inconditionnelle, reflétant ainsi l'amour divin qui transcende toutes les limites et conditions.

Romains 8:38-39 : « *Car j'ai l'assurance que ni la mort, ni la vie, ni les anges, ni les dominations, ni les choses présentes, ni les choses à venir, ni les puissances, ni la hauteur, ni la profondeur, ni aucune autre créature ne pourront nous séparer de l'amour de Dieu manifesté en Jésus-Christ notre Seigneur* ».

Ce passage met en avant l'amour inconditionnel de Dieu, affirmant que rien ne peut nous séparer de cet amour. De la même manière, en tant que parents, nous pouvons rassurer nos enfants en leur montrant que notre amour pour eux est constant et inaltérable, indépendamment des circonstances ou des erreurs qu'ils pourraient commettre.

2. L'humilité et le pardon :

En reconnaissant nos propres erreurs et en demandant pardon lorsque nous faisons de mauvais choix, nous enseignons à nos enfants l'importance de l'humilité et du pardon, des valeurs fondamentales dans la vie chrétienne.

L'humilité consiste à reconnaître nos propres limites, faiblesses et erreurs. La Bible enseigne que nous devons être humbles devant Dieu et devant les autres. Demander pardon lorsque nous faisons des erreurs montre à nos enfants que personne n'est parfait et que nous avons tous besoin de grâce et de pardon. Cela leur enseigne également l'importance de reconnaître leurs propres erreurs et de faire amende honorable.

L'humilité est l'attitude de reconnaître que nous ne sommes pas parfaits et que nous avons tous besoin de grâce. Demander pardon lorsque nous faisons des erreurs montre à nos enfants que nous sommes humains et que nous avons le courage de reconnaître nos torts. Le pardon libère à la fois celui qui pardonne et celui qui est pardonné, créant un climat de paix et de réconciliation au sein du foyer.

Jacques 4:10 : « *Humiliez-vous devant le Seigneur, et il vous élèvera.* » L'humilité est un élément clé dans nos relations, y compris avec nos enfants. Reconnaître nos propres faiblesses et demander pardon lorsque nous faisons des erreurs montre à nos enfants l'importance de l'humilité et du pardon, des valeurs essentielles dans la vie chrétienne.

Colossiens 3:13 : « *Supportez-vous les uns les autres, et, si l'un a sujet de se plaindre de l'autre, pardonnez-vous réciproquement. De même que Christ vous a pardonné, pardonnez-vous aussi* ».

Ce verset souligne l'importance du pardon dans nos relations avec les autres. En pardonnant à nos enfants lorsqu'ils commettent des erreurs, nous leur montrons un exemple concret de l'humilité et de la grâce divines, encourageant ainsi un climat de compréhension et de réconciliation au sein du foyer.

3. L'intégrité et l'honnêteté :

Vivre selon des principes bibliques implique de cultiver l'intégrité et l'honnêteté dans toutes nos actions et nos paroles. En agissant avec intégrité et en étant honnêtes, nous inspirons la confiance et la respectabilité à nos enfants.

L'intégrité et l'honnêteté sont des valeurs fondamentales dans la vie chrétienne. Vivre selon ces principes signifie agir de manière juste, honnête et conforme à nos convictions morales, même lorsque personne ne nous regarde. En étant intègres et honnêtes dans toutes nos actions et nos paroles, nous inspirons la confiance et le respect à nos enfants, leur montrant l'importance de la vérité et de la droiture.

L'intégrité consiste à vivre selon des principes moraux et à agir de manière cohérente avec nos valeurs, même lorsque personne ne nous observe. L'honnêteté, quant à elle, est la qualité de dire la vérité et de se comporter de manière juste dans toutes nos interactions. En incarnant ces valeurs, nous inspirons la confiance à nos enfants et cultivons un environnement familial fondé sur la transparence et l'intégrité.

Proverbes 10:9 : « *Celui qui marche dans l'intégrité marche avec assurance, mais celui qui suit des voies tortueuses sera découvert* ». L'intégrité est un pilier fondamental dans la formation morale de nos enfants. En vivant avec intégrité et en agissant avec honnêteté, nous leur montrons l'importance de suivre des principes moraux solides et de se comporter de manière juste et droite dans toutes les situations.

Éphésiens 4:25 : « *C'est pourquoi, renoncez au mensonge, et que chacun de vous parle selon la vérité à son prochain ; car nous sommes membres les uns des autres* ». Ce passage exhorte à la vérité et à l'honnêteté dans nos paroles et nos actions. En vivant avec intégrité et en étant honnêtes dans nos interactions, nous établissons un environnement familial basé sur la confiance mutuelle et le respect, encourageant nos enfants à suivre notre exemple dans leurs propres relations.

4. La compassion et la générosité :

La Bible encourage la compassion envers les autres et la générosité envers ceux dans le besoin. En pratiquant la compassion et la générosité dans notre vie quotidienne, nous enseignons à nos enfants l'importance de partager et de prendre soin des autres.

La Bible encourage la compassion envers les autres, en particulier envers les plus démunis et les plus vulnérables. La générosité est également une valeur importante, consistant à partager nos ressources et notre temps avec ceux qui en ont besoin.

La compassion est la capacité de ressentir de l'empathie et de la sollicitude envers les autres, en particulier envers ceux qui souffrent. La générosité consiste à partager nos ressources, notre temps et notre affection avec générosité. En pratiquant la compassion et la générosité dans notre vie quotidienne, nous enseignons à nos enfants l'importance de se soucier des besoins des autres et de contribuer au bien-être de la communauté, favorisant ainsi un sens de responsabilité sociale et d'altruisme. Cela leur transmet l'importance de prendre soin des autres et de faire preuve de sollicitude envers ceux qui souffrent.

Matthieu 25 : 35-36 : « *Car j'ai eu faim, et vous m'avez donné à manger ; j'ai eu soif, et vous m'avez donné à boire ; j'étais étranger, et vous m'avez recueilli ; j'étais nu, et vous m'avez vêtu ; j'étais malade, et vous m'avez visité ; j'étais en prison, et vous êtes venus vers moi* ». Ce passage souligne l'importance de la compassion et de la générosité envers les autres, en particulier envers les plus démunis. En pratiquant la compassion et la générosité, nous enseignons à nos enfants l'importance de partager leurs ressources et leur temps avec ceux qui sont dans le besoin, leur inculquant ainsi des valeurs de solidarité et de bienveillance.

Luc 6:38 : « *Donnez, et il vous sera donné : on versera dans votre sein une bonne mesure, serrée, secouée et qui déborde ; car on vous mesurera avec la mesure dont vous vous serez servis* ». Ce verset met en avant le principe de la réciprocité dans nos actions de générosité envers les autres. En encourageant nos enfants à donner avec générosité, nous leur montrons l'importance de semer des graines de bonté et de partager avec ceux qui sont dans le besoin, sachant que cela revient avec des bénédictions abondantes.

5. La patience et la maîtrise de soi :

La patience et la maîtrise de soi sont des vertus valorisées dans la Bible. En cultivant ces qualités, nous montrons à nos enfants comment faire preuve de calme et de maîtrise dans les situations difficiles, les aidant ainsi à développer leur propre capacité à gérer leurs émotions.

La patience consiste à faire preuve de calme et résilience face aux défis et aux frustrations et de patience dans les situations difficiles, tandis que la maîtrise de soi implique de contrôler ses émotions et ses réactions impulsives. En développant ces qualités, nous montrons à nos enfants comment gérer les défis de la vie avec sérénité et self-contrôle, les aidant ainsi à grandir en maturité émotionnelle et spirituelle.

Nous leur montrons également comment gérer le stress et les situations difficiles avec calme et sagesse, les aidant ainsi à développer leur propre résilience émotionnelle et leur capacité à faire face aux obstacles de la vie avec confiance et détermination.

Galates 5:22-23 : « *Mais le fruit de l'Esprit, c'est l'amour, la joie, la paix, la patience, la bonté, la bénignité, la fidélité, la douceur, la maîtrise de soi ; contre de telles choses, il n'y a pas de loi* ». La patience et la maîtrise de soi sont des fruits de l'Esprit, des qualités que nous sommes appelés à cultiver dans notre vie quotidienne. En montrant de la patience et en faisant preuve de maîtrise de soi face aux défis et aux frustrations, nous aidons nos enfants à développer leur propre capacité à gérer leurs émotions et à faire face aux difficultés avec sérénité et confiance.

Jacques 1:19-20 : « *Sachez-le, mes frères bien-aimés. Ainsi, que chacun soit prompt à écouter, lent à parler, lent à se mettre en colère ; car la colère de l'homme n'accomplit pas la justice de Dieu* ». Ce passage souligne l'importance de la patience et du contrôle de soi dans nos interactions avec les autres. En étant patients et en contrôlant nos réactions impulsives, nous aidons nos enfants à développer leur propre capacité à gérer les conflits et les défis avec sagesse et discernement, favorisant ainsi des relations harmonieuses et pacifiques au sein du foyer.

En vivant selon ces principes bibliques et en les enseignant à nos enfants à travers notre exemple quotidien, nous pouvons devenir des modèles positifs et inspirants, guidant nos enfants sur le chemin de la foi, de l'amour et de la moralité.

2. Si tu souhaites que Dieu t'aide à être un modèle pour tes enfants, fais cette prière avec moi :

Seigneur, je ne suis pas un parent parfait, mais j'aspire du fond du cœur à devenir la meilleure version de moi-même en tant que parent, mais également dans toutes mes relations.

Merci à toi, car tu t'es révélé à moi, me permettant ainsi de pouvoir marcher dans tes pas.

Pardonne-moi toutes ces fois où j'ai fait de mauvais choix et où je n'ai pas été un exemple et un modèle aux yeux de mes enfants à travers mes attitudes et mon comportement.

Je souhaite que tu sois fier de me compter parmi les vaillants soldats qui lèvent une armée pour te servir et pour faire ta volonté.

J'ai aujourd'hui pleinement conscience que dans la vie de mes enfants, beaucoup de choses commencent par moi. Je dois donc m'attacher à faire preuve d'exemplarité afin que mes enfants puissent à leur tour marcher dans tes pas, car tu fais de moi un parfait imitateur de Christ.

Merci pour ton sacrifice à la croix pour nous, merci pour ton amour, merci pour ta miséricorde envers nous.

Au nom de Jésus, AMEN.

3. Ma réflexion personnelle sur ce chapitre

Conclusion

Galates 5:22 nous enseigne « *Mais le fruit de l'Esprit, c'est l'amour, la joie, la paix, la patience, la bonté, la bénignité, la fidélité, la douceur, la maîtrise de soi* ».

En tant que parent, mais également dans toutes nos relations, nous devons continuellement aspirer à manifester les fruits de l'esprit, car ce sera le reflet du Christ pleinement formé en nous.

En aspirant à manifester les fruits de l'Esprit dans nos vies, nous découvrons une clé essentielle pour restaurer et nourrir les liens familiaux. En mettant l'accent sur l'amour, la joie, la paix, la patience, la bonté, la bénignité, la fidélité, la douceur et la maîtrise de soi, nous construisons des relations empreintes de respect, de compréhension et d'acceptation mutuels.

En tant que parents, il est de notre responsabilité de cultiver ces qualités dans notre propre cœur et de les transmettre à nos enfants, afin qu'ils grandissent dans un environnement nourrissant et aimant. En fin de compte, en prenant soin du cœur de nos enfants et en manifestant les fruits de l'Esprit dans nos relations intra et extrafamiliales, nous œuvrons à la restauration d'une unité fondée sur l'amour et la grâce, qui reflète la nature même de Dieu.

La compréhension et l'application des fruits de l'Esprit, tels que décrits dans **Galates 5:22**, offrent une feuille de route précieuse pour restaurer et renforcer les liens familiaux.

La réflexion sur les fruits de l'Esprit nous plonge dans une exploration profonde de ce que signifie véritablement éduquer nos enfants par l'amour, prendre soin de leur cœur et restaurer nos relations familiales. L'amour, en tant que premier fruit énuméré, va bien au-delà d'un simple sentiment ; c'est un choix quotidien de traiter nos enfants avec bienveillance, compassion et engagement inconditionnel. Cette forme d'amour « agape » transcende les conflits et les différences, offrant une terre fertile où l'harmonie et la croissance émotionnelle peuvent s'épanouir.

L'amour inconditionnel, premier et fondamental parmi les fruits de l'Esprit, est la pierre angulaire sur laquelle repose toute relation parent-enfant saine. Cet amour transcende les comportements, les réussites et les échecs de l'enfant, offrant un espace où il se sent accepté et aimé pour ce qu'il est, indépendamment de ses performances ou de ses erreurs.

En embrassant l'amour inconditionnel, nous créons un environnement où chacun se sent aimé, accepté et valorisé.

L'absence de jugement est une composante cruciale de l'amour inconditionnel et de la bienveillance. En évitant de porter des jugements sur leurs pensées, leurs sentiments ou leurs actions, nous créons un espace où nos enfants se sentent libres d'être authentiques et vulnérables. Cela favorise une communication ouverte et honnête, renforçant ainsi les liens de confiance et de respect mutuel au sein de la famille.

La joie et la paix, suivantes dans la liste, ne sont pas seulement des émotions fugaces, mais des états d'être que nous pouvons cultiver à travers la gratitude, la méditation et la prière. Elles apportent une atmosphère de sérénité et d'harmonie à notre foyer, permettant à chacun de s'épanouir pleinement. En modelant ces attitudes positives, nous enseignons à nos enfants que la vie est pleine de possibilités de bonheur et de tranquillité, même au milieu des défis.

La bienveillance, un aspect de la bonté et de la patience, se manifeste par une attitude de compassion et de sollicitude envers nos enfants. Cela implique de reconnaître leurs besoins émotionnels et de répondre avec tendresse et compréhension, créant ainsi un environnement où ils se sentent en sécurité pour exprimer leurs émotions et leurs préoccupations.

La patience et la bonté nous invitent à être des parents attentifs et compréhensifs, capables d'accueillir les hauts et les bas de la vie familiale avec un cœur ouvert et une attitude bienveillante. Elles nous aident à traiter nos proches avec compassion et respect, même dans les moments de difficulté. Ces qualités nous aident à tisser des liens solides avec nos enfants, basés sur la confiance mutuelle et le respect.

La fidélité et la douceur renforcent la sécurité émotionnelle de nos enfants, leur offrant un refuge sûr où ils peuvent être authentiques et vulnérables. Elles renforcent la confiance et la sécurité au sein de la famille, en établissant des liens solides et durables.
En cultivant ces qualités dans nos relations familiales, nous construisons des fondations solides pour des liens durables et profonds.

L'exemplarité est un élément clé de l'éducation des enfants et de la manifestation des fruits de l'Esprit. En tant que parents, notre comportement et nos attitudes servent de modèles pour nos enfants. En incarnant les valeurs que nous souhaitons leur transmettre - telles que la fidélité, la douceur et la maîtrise de soi - nous les guidons sur le chemin de la croissance personnelle et spirituelle.

Enfin, la maîtrise de soi nous rappelle que le chemin vers une famille épanouie et restaurée passe par la croissance personnelle et le développement spirituel. Elle nous permet de faire preuve de discernement et de modération dans nos interactions, favorisant ainsi des relations saines et équilibrées. En apprenant à gérer nos émotions et nos réactions de manière constructive, nous devenons des modèles inspirants pour nos enfants, les encourageant à cultiver également ces qualités précieuses dans leur propre vie.

En tant que parents, il est de notre devoir de cultiver ces qualités dans notre propre vie et de les transmettre à nos enfants par notre exemple quotidien. En leur montrant comment manifester les fruits de l'Esprit dans leurs propres actions et relations, nous les préparons à vivre des vies empreintes de compassion, de gentillesse et de respect envers les autres. Nous construisons ainsi des fondations solides pour leur croissance émotionnelle, spirituelle et relationnelle.

En fin de compte, en prenant soin du cœur de nos enfants, en les éduquant par l'amour et en cultivant les fruits de l'Esprit dans nos relations familiales, nous contribuons à la construction d'un foyer ancré dans l'amour de Dieu et la grâce. C'est là que se trouve la véritable restauration de la famille : dans la découverte et la manifestation des qualités divines qui reflètent la nature aimante de notre Créateur.

Prendre soin du cœur de nos enfants et les éduquer par l'amour est essentiel pour leur épanouissement émotionnel, mental et spirituel. En mettant en parallèle les fruits de l'Esprit, nous pouvons comprendre comment chaque aspect contribue à cette prise en charge holistique.

En résumé, la restauration de la famille commence par un engagement conscient à manifester les fruits de l'Esprit dans nos vies et nos relations. C'est un voyage continu d'apprentissage, de croissance et de transformation, où chaque pas que nous faisons vers l'amour, la compassion et la grâce nous rapproche un peu plus de la famille unie et épanouie que nous aspirons à créer.

En conclusion, prendre soin du cœur de nos enfants en s'inspirant des fruits de l'Esprit est un acte d'amour et de dévouement qui façonne leur développement et leur épanouissement.

En cultivant l'amour inconditionnel, la bienveillance, l'exemplarité et l'absence de jugement, nous construisons des relations familiales empreintes de respect, de compréhension et d'acceptation mutuels, offrant ainsi à nos enfants un précieux héritage de croissance et de bonheur.

À propos de l'auteur

Niqua MARIE, mariée et mère de 3 enfants est une femme aux multi casquettes avec une expérience de 10 ans en banque et assurance, un diplôme de Coach Conseillère en Image et en Relooking, un CAP Pâtissier entre autres, ayant décidé de mettre ses dons et talents au service de la famille.

Aujourd'hui, coach parentale et familiale, Niqua MARIE incarne la passion et l'engagement envers le bien-être familial guidée par sa foi chrétienne. Forte de ses 10 années d'expérience dans le secteur de la banque et de l'assurance, elle a acquis une expertise polyvalente et approfondie en accompagnement et en conseils, qu'elle a ensuite combinée avec sa passion pour l'éducation des enfants et la parentalité inspirée par les enseignements bibliques sur l'amour et la compassion.

Diplômée d'un CAP Accompagnant Éducatif Petite Enfance et d'un Diplôme d'État d'Auxiliaire de Puériculture, Niqua MARIE possède une solide base théorique enrichie par une expérience pratique sur le terrain, lui permettant de mettre à profit son expérience ainsi que ses compétences dans ses accompagnements.

Elle a travaillé auprès de familles de toutes origines et de tous horizons, développant ainsi une compréhension profonde des défis et des besoins spécifiques auxquels sont confrontés les parents dans le monde d'aujourd'hui.

En tant que coach parentale et familiale, elle accompagne les familles dans la restauration de leurs relations en favorisant une communication efficace entre chaque membre afin qu'une harmonie sans précédent règne au sein du foyer.

Son objectif en tant que coach parental et familial est de voir des familles heureuses et épanouies. Elle propose différentes formules d'accompagnements afin de partager des clés éducatives pour que les parents ne soient pas responsables des blessures de l'âme causées dans le cœur de leurs enfants, mais elle accompagne également les jeunes et les adolescents dans la gestion de leurs émotions et des complications liées à cette période pas toujours évidente de leur vie.

Passionnée par le potentiel infini de chaque enfant, Niqua MARIE s'est engagée à partager son expertise et son expérience pour soutenir les familles dans leur parcours d'éducation et d'épanouissement. En tant que coach parentale et familiale, elle adopte une approche empathique et holistique, offrant un soutien personnalisé et pratique pour aider les parents à cultiver des relations familiales harmonieuses et épanouies.

Au fil du temps, Niqua MARIE a développé une approche unique et innovante, intégrant des principes de l'éducation bienveillante, de la psychologie positive et du développement personnel pour offrir des solutions durables et efficaces aux familles qu'elle accompagne, tout en cherchant à témoigner de l'amour et de la grâce de Dieu dans sa vie et dans son travail. Son dévouement envers la cause du bien-être familial, imprégné de sa foi, se reflète dans son travail et son engagement envers chaque individu qu'elle rencontre et qu'elle accompagne.

À travers son livre « *Éduquer nos enfants par l'amour* », Niqua MARIE poursuit sa mission d'inspirer et de guider les parents dans leur voyage vers une parentalité épanouie et équilibrée. En partageant ses connaissances, ses conseils et ses réflexions, elle aspire à créer un monde où chaque enfant grandit entouré d'amour, de soutien et de compréhension, réalisant ainsi son plein potentiel et contribuant positivement à la société.

Pour aller plus loin...

Nikki Conseils & Coaching

En clôturant « *éduquer nos enfants par l'amour* », vous ne faites pas que refermer un livre, mais vous embrassez une vision de la parentalité ancrée dans l'amour et la sagesse. En suivant les principes énoncés dans ces pages, vous investissez dans le bien-être émotionnel de vos enfants dès leur plus jeune âge, posant ainsi des fondations solides pour leur avenir.

Inspirés par les valeurs bibliques et guidés par les fruits de l'esprit décrits dans **Galates 5:22**, nous pouvons ensemble construire une famille où l'amour, la patience, la bienveillance et la maîtrise de soi sont les piliers de chaque interaction. En tant que coach parental et familial, je suis là pour vous accompagner dans ce voyage, pour faire de votre foyer un lieu où les fruits de l'esprit sont cultivés et récoltés chaque jour. Êtes-vous prêt à entreprendre ce chemin avec moi ?

Vous pouvez me contacter pour un entretien de découverte offert. Flashez le QR Code ci-dessous afin d'entrer en contact avec moi.

Témoignages

Julia C.

★ ★ ★ ★ ★

Ma rencontre avec Niqua a fait un vrai déclic dans ma vie. Je vous la recommande à 200% car c'est une coach très humaine qui comprend vraiment les personnes qu'elle accompagne et qui a une vraie intélligence émotionnelle.

@Nikki.conseils.and.coaching

Témoignage

Témoignage

Magali M. J.

Niqua est très à l'écoute, disposée avec et par le Saint-Esprit. C'est une âme qui est à l'écoute des autres âmes, que ce soit les enfants ou les parents. Ces temps passés avec elle sont une grâce et je bénis le Seigneur pour cette rencontre enrichissante dans la vie de mon fils Nathan. Un bouleversement positif tant sur le plan spirituel qu'émotionnel.

@Nikki.conseils.and.coaching

Témoignage

Témoignage

J. F.

★ ★ ★ ★ ★

Après plusieurs mois de travail et plusieurs séances, je peux attester un réel changement vis à vis de ma fille. J'ai une nouvelle fille qui s'éxprime et qui rayonne et ça fait plaisir. Je ne regrette pas et s'il le fallait, je le referai encore. Niqua est professionnelle et met son cœur à l'ouvrage. N'hésitez pas!

@Nikki.conseils.and.coaching

Témoignage

Témoignage

Chloé A.

★ ★ ★ ★ ★

Niqua est une personne empathique, sensible et à l'écoute des autres. Elle a une capacité à avoir une vision réaliste des choses et à communiquer ses ressentis avec les autres. Ses compétences et sa personnalité pourraient aider beaucoup de femmes à retrouver confiance en elles notamment grâce à son approche spirituelle et positive.

@Nikki.conseils.and.coaching

Témoignage

Témoignage

Laëtitia B.
★ ★ ★ ★ ★

Ma rencontre avec Niqua m'a aidé à renouveler ma mentalité et mon mindset. Au travers sa bienveillance et sa personnalité très pétillante, j'ai vu pas mal de chose évoluer en moi. J'ai du poser des actes et sortir de ma zone de confort. Je rends grâce à dieu d'avoir connecté à une personne comme elle.

@Nikki.conseils.and.coaching

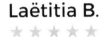

Témoignage

Cathy D.

★ ★ ★ ★ ★

Niqua est une jeune femme adorable faisant preuve de professionnalisme tout en sachant être ferme quand il le faut et ce avec beaucoup de bienveillance, de respect et d'adaptation à la situation de la personne coachée.
J'ai confiance au Saint-Esprit (car c'est Lui qui guide nos séances) et en son travail.

@Nikki.conseils.and.coaching

Témoignage

Coordonnées

Vous avez également la possibilité de rejoindre ma communauté WhatsApp ou je vous partage régulièrement des conseils autour de la parentalité et afin que vous aspiriez à devenir la meilleure version de vous-même dans tous les domaines de votre vie.

Voici les différents comptes où me trouver sur les réseaux sociaux

Instagram : *Nikki Conseils & Coaching ;*
Nikki_boost et
Gospel Impact Channel

Facebook : *Nikki Conseils & Coaching et*
Nikki Marie

Tik Tok : *Nikki_boost*

YouTube : *Nikki Conseils & Coaching et*
Nikki Lifestyle

Courriel : *nikki.conseils@gmail.com*

Printed by Amazon Italia Logistica S.r.l.
Torrazza Piemonte (TO), Italy

58363974R00118